人間晩年図巻

2008-11年 3月11日

人間晩年図巻

2008−11年 3月11日

関川夏央

岩波書店

目次

2009年に死んだ人々

2010年に死んだ人々

装丁＝奥定泰之

2008年に死んだ人々

高杉一郎
草森紳一
川内康範
広井てつお
中村 進
峰岸 徹
筑紫哲也
飯島 愛
安田 南

高杉一郎

「征きて還りし兵」の五十九年

〈抑留体験記『極光のかげに』著者。作家、翻訳家、元静岡大学・元和光大学教授〉

■たかすぎ・いちろう
■ 2008年1月9日没(99歳)
■老衰

改造社の文芸担当編集者であった高杉一郎(本名・小川五郎)は一九四四(昭和十九)年、三十六歳の「老兵」として召集された。翌年ハルビンで敗戦を迎えると、そのままソ連軍の俘虜としてシベリアに抑留され、冬はマロース(酷寒)が襲うタイガ中の収容所で四年間を過ごした。

「この密林のなかに囚人の多いことは、驚くばかりである」(高杉一郎『極光のかげに』)

ソビエト連邦は第二次世界大戦の俘虜を、国籍を問わず労働力とみなして酷使した。当時のシベリアには二十四ヵ国、四百二十万人の俘虜がいたが、最大はドイツの二百四十万人、日本はそれにつぐ六十四万人であった。日本人俘虜のうち六万人以上が、重労働と寒さ、栄養失調のために死んだ。高杉一郎は、ロシアの社会主義とは、あたらしい形の奴隷制ではないかと考えた。

ブラークのコンツ・ラーゲリ（集中収容所）ではロシア語の能力を買われてソ連軍将校の事務助手をつとめた高杉一郎だが、はっきりした理由なしに送られた懲罰大隊では、スターリンによってシベリアに追放されたムジーク（ロシア貧民）といっしょにタイガの木を伐り出した。

ソ連軍将校には、高潔、冷静、酷薄、教条的、下劣、粗野、さまざまなタイプがいたが、普通のロシア人は総じて善良で俘虜を差別しなかった。ある町で大学の学生募集広告の前にたたずんでいたとき、本好きの俘虜と見た通行人がいくらかのルーブル紙幣をめぐんでくれた。そのようなロシア民衆の性格は、おそらくソ連の「文化政策」によらず、長い年月をかけてロシアの大地に培われたのである。

シベリア俘虜が実践した「日本」

ラーゲリでは俘虜たちの「民主運動」が猖獗《しょうけつ》した。最初のきっかけはソ連の政治将校が与えたにしろ、収容された俘虜たちが積極的に「運動」をになったのである。

「針金に囲まれた民主運動」など所詮「人形芝居」にすぎないと思われた。しかし「我々はァ、我々のォ」で始まる高調子の演説、「異議なしッ！」という決まり文句で応じる聴衆の叫喚が呼び込む「批判」と「自己批判」の笑劇を笑うことは、誰にも許されなかった。

日本ではファシズムの崖と共産主義の崖が迫りすぎていて、その間に平野がない、という宮本百合子の言葉を、ラーゲリ内部は実証していた。そこはいやになるほど日本であった。戦後社会の原形であった。さらに二十年後、学生の政治運動が盛んになったとき、学生リーダーたちの演説は、「我々はァ、我々のォ」で始まり、学生大衆は「異議なしッ!」とこたえたが、それが遠くラーゲリの俘虜たちからもたらされた慣用句であるとは、本人たちは気づかなかった。

四四年一月に二十歳で入営した三波春夫(本名・北詰文司)は北満に送られ、四五年八月、圧倒的な機械力を誇るソ連軍と戦闘、きわどく生き残って九月に武装解除された。送られた先はハバロフスクのラーゲリであった。

高杉一郎には聞く機会がなかったが、北満佳木斯《チャムス》に駐屯していた時代から「浪曲上等兵」と呼ばれていた三波春夫が、俘虜たちにもとめられて浪曲「元禄忠臣蔵より俵星玄蕃《たわらぼしげんば》」を一席やると割れるような拍手喝采を浴びた。政治将校の思想教育のもとに「民主運動」が始まったのはラーゲリに入って半年後であった。

三波春夫は、日本の軍隊の醜悪さ、冷酷さ、それに戦争の悲惨さを主題とした「吾子《わがこ》とともに」を創作して口演し、俘虜たちは異常な熱意をもって聞いた。彼は作業を免除され、「民主浪曲」を携えて各ラーゲリを巡回した。

四年間の俘虜生活を経て、四九年九月、三波春夫は二十六歳で帰国した。兵と俘虜として過ごした歳月は高杉一郎とおなじ五年半余であった。舞鶴に着き、故郷の新潟に帰った。そうして帰郷十日後から「眠れる農民よ、そして労働者よ」とうなりながら「民主浪曲」を披露した。「なんだか、おっかない浪曲だのう」という感想が寄せられたのみで、聴衆は沸かなかった。しかし三波の「民主精神」は五二年いっぱいまで消えなかったという。

八四年、三波春夫は自身で書いている。

「思想教育というものは本当におもしろくも奇怪なものである」「創作、発表、批判、思考、とつづき、中間には必ず吊し上げという凄いお祭りがあった。今では、ソビエト共産党は、マルクス学説のよいところだけを利用した独裁主義政党であることを知ったが。シベリアの四年間を人生の道場と私は呼んでいる」(三波春夫『歌藝の天地』)

高杉一郎が六ヵ所のラーゲリを経て舞鶴港に帰還したのも一九四九年であった。すでに四十一歳、フィリピン戦線で米軍の俘虜になったのちに帰国した大岡昇平より一歳年長であった。

米軍の収容所で先取りした「戦後」

一九四五年一月、三十五歳の大岡昇平はフィリピン中部ミンドロ島の敗兵であった。マラリアで四十度近い高熱を発して部隊にはぐれた孤兵でもあった。

そんなとき、草むらにあった彼の視界に若い米兵が入った。不用意な姿だった。射てば必ず倒せる。大岡昇平は無意識のうちに銃の安全装置をはずした。

　しかし彼は射たなかった。

「人類愛から発して射たないと決意したことを私は信じない。しかし私がこの若い兵士を見て、私の個人的理由によって彼を愛したために、射ちたくないと感じたことはこれを信じる」（大岡昇平『俘虜記』）

　生の希望を失った大岡昇平は自殺を試みた。しかし日本軍の手榴弾の低劣さが彼を救った。ほとんど意識のないまま米軍の俘虜となり、レイテ島の病兵収容所に入れられた。

　一年後、帰国した大岡昇平は、十八歳でフランス語の個人教授を受けて以来の年長の友人、小林秀雄を訪ねた。すると小林は、近々創刊する雑誌に戦場のことを書いてくれ、といった。

「戦場の出来事なんて、その場限りで過ぎてしまうもんで、何も記録するほどのものはないですよ」と大岡昇平はこたえた。「しかし俘虜の生活なら書くことがあります。人間が何処まで堕落出来るものかってことが」

「復員者の癖になまいうもんじゃねえ」小林秀雄はいった。「何でもいいから書きなせえ、書きなせえ。あんたの魂のことを書くんだよ。描写するんじゃねえぞ」（大岡昇平「神経さん」）

　四六年初夏、大岡昇平は「わがこころのよくてころさぬにはあらず」という『歎異抄』の一節をエピグラフとした『俘虜記』第一章、「捉《つか》まるまで」を書いた。稿は重ねられ、やがて収容所体験におよんだ。

四五年八月十日、日本はポツダム宣言受諾の意志を明らかにした。タクロバン収容所の夜空を、祝いの花火がわりの曳光弾《えいこうだん》が飛びちがった。

大岡昇平は、そのときの感慨を『俘虜記』に書いた。

「偉大であった明治の先人達の仕事を、三代目が台無しにしてしまったのである」

「あの狂人共がもういない日本ではすべてが合理的に、望めれば民主的に行われるだろうが、我々は何事につけ、小さく小さくなるであろう」

フィリピン戦線では日本兵の七八パーセント、四十六万五千人が死んだ。レイテ方面における消耗率は九七パーセントであった。死中に活を得た俘虜たちは、一日二七〇〇キロカロリーの米軍「給与」で見る見る太り、収容所内の演芸大会に情熱を注いだ。もとめられて回覧用の通俗小説を何作も書きとばした大岡昇平は、所内の流行作家になった。兵隊たちは「堕落」した。収容所の一年は、戦後の二十年を先取りしていた。

一方、帰国翌年の五〇年初夏、気力と体力をなんとか回復した高杉一郎は、静岡から上京して中野重治《しげはる》を訪ねた。六歳年長の中野は、高杉の語るラーゲリ体験、ソ連観に黙って聞き入った。直後、高杉は抑留記の筆を起こした。

ソ連抑留記は戦後五百本近く書かれ、「酷寒、飢え、重労働、俘虜による俘虜への暴力、望郷」をひたすらに訴えた。だが、それら手記と高杉一郎の『極光のかげに』は趣を異にしていた。そこには「スターリン体験」を経た衝撃的なソ連像、そして俘虜としてともに重労働に従事して実感した温和で明るいロシア人像、ふたつながら鮮明にえがかれていた。

耐えがたい現実がラーゲリにはたしかにあった。しかしその耐えがたいものを耐えさせ、考える姿勢とユーモア、そしてある種のオプティミズムを最後まで失わせなかった力は、軍服の下に隠されていた「市民的な背広の人間の教養」から発していた。

『極光のかげに』は一九五〇年、小さな版元から刊行されたが、すぐに左右両翼からの非難を浴びた。ある者は「ソ連に甘すぎる」といい、別のある者は「社会主義の真実を歪める事実を書いた」といった。しかし歳月は過ぎてそれらの声は忘れられた。また声を発した当人たちも忘れ、ここに私たちが忘れてはならない一冊の本が残った。果たしてその後の日本社会は、迫る崖の間に「せめて牛の一頭でも飼える」ような広がりを持ち得たであろうか。

「還りし兵」のその後

高杉一郎は一九五〇年、静岡大学教育学部講師となり、五七年、助教授、六五年に教授となった。七二年の定年退官後は和光大学に移った。『極光のかげに』は五一年、新潮文庫に入り、七七年、冨山房百科文庫、九一年、岩波文庫に入って、「戦後」時代を通じ読まれつづけた。

その間、高杉一郎はエスペランティストの盲目の詩人、ワシリー・エロシェンコの生涯をえがいた『盲目の詩人エロシェンコ』、日本人エスペランティストをえがいた『中国の緑の星　長谷川テル反戦の生涯』などを刊行した。また『エロシェンコ全集』、アグネス・スメドレー『中国の歌ごえ』、クロポトキン『ある革命家の思い出』、『ツヴァイク全集　権力とたたかう良心』などを、エスペラント語、英語、ロシア語から訳した。そのほか、フィリパ・ピアス『トムは真夜中の庭で』をはじめ、海外児童文学を多数翻訳して、多くの少年少女読者にあざやかな記憶を残した。

教職を退いた翌年の一九九〇年、八十二歳のとき高杉一郎は『スターリン体験』(岩波書店、同時代ライブラリー)を、また八十七歳の九六年には『征きて還りし兵の記憶』(岩波書店)を発表した。それらは八九年十二月、ルーマニアのチャウシェスク独裁政権崩壊のニュース映像を見た刺激からなされた仕事であった。

高杉は書く。

「私たちは関東軍という巨大な機構が崩壊する際の、轟音や周章狼狽や怒号や絶望や上官抵抗のすべてをこの眼で目撃した。それは、すさまじいというよりほかはない混乱であった。最近、チャウシェスク政権の崩壊をつたえるテレビを見ているとき、私の肉体にはとつぜんあのときの興奮と感覚がよみがえってきた」(『スターリン体験』)

ひとりの市民として三十六年、兵および俘虜として五年、「征きて還りし兵」として五十九年を生きた高杉一郎は、二〇〇八年一月九日に亡くなった。「せまい党派的なものにかたづけてしまうことができないものの意味をできるだけあきらかにする」という意志に貫かれた九十九年半の生涯であった。

一九七一年、六十二歳のとき芸術院会員に推された大岡昇平は、「捕虜になったことがあるから」という理由で辞退した。彼が脳梗塞で亡くなったのは戦後四十三年の一九八八年、七十九歳であった。

歌謡曲の歌手として生きる決意を固めて浪曲を封印した三波春夫は、五七年、「チャンチキおけさ」をA面、「船方さんよ」をB面としたレコードを発表した。すると両方とも大ヒットした。会社(テイチク)が、レコードをタテに二つに切って売りたかったと悔しがるほど売れた。以後、歌謡界で揺るぎない地位を固めた三波春夫だが、前立腺がんと七年間闘病した末に、二〇〇一年四月十四日、七十七歳で亡くなった。死の二ヵ月半前に詠んだ辞世は、「逝く空に桜の花があれば佳《よ》し」であった。

草森紳一

本に憑かれた魂

〈随筆家、「もの書き」、文献収集家〉

■くさもり・しんいち
■2008年3月19日頃没(70歳)
■心不全?

草森紳一が賃貸マンションのバスルームに閉じ込められたのは一九九〇年代なかば、五十歳代後半であった。洗髪しようと入ったとき、ドアの向こう側で本の山が崩れる音がした。積み上げられた本に不用意な接触をした、その結果である。

出ようとしたがドアがあかない。全身で押してもびくともしない。本は重たい。そのうえ尋常な量ではない。壁の薄いマンションだから、壁を叩けば隣室の老婦人が助けに来てくれる? いや、たとえ気づいても、まさかバスルームからの救出をもとめる合図だとは思わないだろう。だいいち彼女は夜にならないと帰らない。では、どうすれば?

草森紳一は、まず何日ぶりかに顔をていねいに洗った。鏡をのぞくのも久しぶりだ。そこに白髪《はくはつ》白髯《はくぜん》の老人がいる。あるとき、まさに一夜にして髪が白くなったという感覚がある。この頃は人に仙人と呼ばれ、死神博士と仇名されていた。近所の子どもはレゲエじいさんといった。

「鏡中聊《いささ》か自ら笑う」

二十七歳で夭折した中唐の詩人、李賀《りが》の一節を思い浮かべる。

李賀、字《あざな》李長吉《ちょうきつ》は草森紳一が慶大中国文学科の卒論以来、資料を集めつづけ、書きつづけている詩人である。

顔を洗い終えたら？　よい機会だ、風呂に入ろうと思った。湯をためるあいだ、脱衣所に積んであった本のうちから、豊臣秀吉関係の本を抜き取って読んだ。湯がたまったので、風呂に入った。

本を積み上げる手練の技

永代橋《えいたいばし》東詰、門前仲町に近い四十平米の2ＬＤＫ、家賃十四万二千円のマンションは本で埋め尽くされている。一九八三年、四十五歳のとき芝・赤羽橋のマンションから越す先を探したときの条件は普通とは逆、窓は少なく、壁面が多ければ多いほどよいというものだった。悪性細胞のように増殖しつづける本を収納する。それが引越しの目的だったからである。

すでにその六年前、故郷・北海道十勝平野の音更《おとふけ》町に三万冊の本を送って、実家敷地内に建てた高さ九メートル、塔状の書庫に納めていた。その名称は「任梟盧《にんきょうろ》」、サイコロの目次第、あるいは出たとこ勝負の意で、やはり李賀の詩の一節からとった。三万冊送っても手元に膨大な本が残った。それをなんとか収納しなければならない。

小ぶりのマンションとしてはめずらしく玄関から長い廊下があって、本棚を並べる壁面が多いことが気に入った。それでも背表紙が見える状態ではとても納めきれない。棚からあふれ、床に積み上げられた本は刻々と高さを増して天井に届いた。本を積むには熟練の煉瓦職人のような腕がいる、と草森紳一はいうが、それがちょっとやそっとの地震ではびくともしない堅牢な出来栄えなら、仕事上必要な本を引き抜くこともまた困難だから、もとより矛盾なのである。

本はおもに古書店から購入した。毎月の払いが約四十万円、彼が得る原稿料と印税の約七割に達した。電化製品は机がわりの電気ゴタツを除いてみな捨てた。本に占領されていないのは、玄関から奥の部屋まで伝い歩く「細道」と本の山に囲まれた電気ゴタツの天板部分、それに風呂場だけであった。そうして雪崩《なだれ》た本でその風呂場に草森紳一は閉じ込められたのである。

痩せていたから「イノチ拾い」

湯は気持よかった。しかし事態はかわらない。出られない。

遅れに遅れている原稿でも書こうか。洗面台の鏡の下に鉛筆が一本転がっていたし、使い残しの原稿用紙の束も脱衣所の隅にあった。だが、お尻のポケットにあったピースの箱には一本しかなかった。それよりライターが手元にない。普段は缶入りの両切りピースを偏愛するヘビースモーカーだが、なければ吸わないで構わない「特異体質」だと自称する。ただし原稿を書くとなれば必須だ。

では本でも読むか、と脱衣空間に積み上げられた本の中から秀吉の甥、豊臣秀次の行状記と井伊直弼を襲った桜田門外の変に参加した水戸藩士の自記を、そーっと抜き出した。読み始めれば一応没頭できるのだが、ふとしたはずみにバスルームのドアの下辺に目が行った。そこに二センチほどの隙間があるではないか。さらに脱衣所の隅に立て掛けられている湯搔き棒を発見した。湯搔き棒の柄の方ならドアの下二センチの隙間に入りそうだ。

ドア下に差し込んだ棒の先で本を跳ね飛ばそうと試みた。手応えがあった。うまく弾くとドアの前に散乱した本が飛んで行く。それを何十回か繰り返して、本の山にいくらかの隙間が生じた感触を得た。

「もうこの位でよかろうと、立ちあがると、ノブをまわし、力をこめて押して見た。すると果して、ドアが、いやいやというふうに媚態の腰をふって、いささか抵抗するふりをしながら、二十センチくらい開いたのである。これだけドアの口が開けば、わが身をくぐらせるのに十分だと思った」(草森紳一『随筆　本が崩れる』)／私は、やせている。

身長一七四センチだが、体重は五〇キロないのではないか。若いときから痩せていたが、「仙人」になってからますます痩せた。生活のない人だから食事にも無頓着、森永のビスケット「マリー」ばかり食べていた。

「脱出成功！　他愛なく嬉しかったが、廊下を見渡すと、予想通り、惨たる光景であった」「やれやれ、『イノチ拾い』したものの、早くも日常感覚に戻って、溜息がでる。本の整理を考えると、憂鬱だった」

未完ばかりの「もの書き」

草森紳一は、帯広柏葉高校から慶応大学文学部に進んだ。高校は不登校で卒業していないともいう。とすれば、大検で大学に行ったのである。中国文学を専攻して、奥野信太郎教授が最初の授業で黒板に書きなぐった一編の唐詩に電撃を受けた。李賀の「雁門太守行《がんもんたいしゅこう》」である。

「黒雲《こくうん》は城を圧して／城は摧《くだ》けんと欲し／甲光《こうこう》は月に向いて金鱗《きんりん》を開く」

李賀は「長安に男児有り／二十《はたち》にして心已《すで》に朽ちたり」の一節で知られた人だが、二十七歳で夭折した。

学校ではろくに授業に出ず、中国文学のゼミだけに出席した。中国文学科の先生たちの親切にすがった進級と卒業だったが、李賀を論じてジャズや美空ひばりも出てくる五百枚の卒論は、主査と副査から特Aの評価を得た。

映画好きだったので東映の入社試験を受けた。どんな映画をつくりたいかと面接で尋ねられ、

『三国志演義』を制作・脚本・監督、すべて自分でやりたいとこたえて大川博社長の不興を買った。部分を選んで集中するということが当時からできない人だった。六一年、婦人画報社に入社、伊丹一三（のち十三）の連載『ヨーロッパ退屈日記』を担当した。「婦人画報増刊 男の服飾」を定期刊行化したときの誌名「メンズクラブ」は草森青年発案という。三年勤めて退社したが、さりげない服装のセンスのよさは、この時期に養われた。

六五年、恩師奥野信太郎に強く勧められて慶応大学斯道《しどう》文庫に勤務した。熊本細川家から寄託され、古城貞吉《こじょうていきち》が蔵した漢籍二万八千冊の分類・整理が仕事であった。すでに雑誌のライターとして活動していた彼の収入は五分の一にまで激減したが、四年半従事するうちに本との濃厚な関係を結んだ。自分には本のページを写真のように記憶できる、左右の目でそれぞれ左右のページを追うこともできる、と草森紳一はのちにいった。持ち前の資質が、膨大な漢籍の分類によって磨きをかけられた結果であろう。

それ以後は書き手として生活を立てたが、作家ではなく「もの書き」を終生自称した。また自分の書きものはすべて「随筆」だとし、『本が崩れる』の題名もあえて「随筆」とした。書くうちにつぎつぎと連想が生まれて話題は縦横に広がり、結果、原稿が野放図に長くなる。ゆえに「随筆」であろうか。草森紳一は「未完の本を書く人」あるいは「原稿に結末を与えることができない人」であった。

まだ斯道文庫に勤めていた六五年秋から彼は『垂翅《すいし》の客　李長吉伝　第一部』を「現代詩手帖」に連載している。卒論五百枚のつづきである。この連載は一年三ヵ月つづいて切り上げた。書き終えたわけではない。七〇年初めから七六年秋まで、おなじ「現代詩手帖」で第二部を連載しているが、これも終ったのではない。

初校から草森の原稿は始まる、といわれるくらいゲラの手入れが極端で、また当時の活版では作字しなくてはならない漢字が多すぎ、印刷所から断られたりした。のちには草森の原稿はすべて編集者がワープロで打ち、再校まで(ときに三校まで)の直しも編集部で責任を持つという条件で印刷所に継続してもらった。それだけ担当者に愛された書き手だったともいえる。

李賀伝は「夢の展翅《てんし》」のタイトルで、二〇〇七年初めからさらに「ユリイカ」で書き継ぎ、結局〇八年二月号で作者死亡によって未完のまま中断された。合計三千枚書いても終らず、草森李賀伝の集大成『李賀　垂翅の客』(芸術新聞社)は二段組六百五十ページの大著として、著者没後五年の二〇一三年に刊行された。

「次号完結」計三十九回

「資料もの」と本人が呼んだ書きもの、すなわち文献を多数集めて読み込み、執筆開始後も資料を渉猟しつづけるたぐいの仕事に晩年はのめりこんだ。青年期はアパートの万年床に腹這いになって書き、中年期には住まい近くの喫茶店を書斎代わりに書いた。しかし「資料もの」は喫茶店では書けない。本の穴蔵のような自室で書くよりなく、ますます「仙人化」は進行した。

その「資料もの」には、『絶対の宣伝　ナチス・プロパガンダ』(一九七八―七九年、全四冊)、『中国文化大革命の大宣伝』(二〇〇九年、上下巻)などがある。しかし、長い、くわしい、寄り道をして果てしない、というもっとも草森的な作品なら「副島種臣《そえじまたねおみ》伝」にとどめをさす。

副島種臣の漢詩と書に草森は若年時から興味を抱き、関係する書籍・資料を収集しつづけていた。準備を整えて着手したのは文芸誌「すばる」一九九一年七月号から始まる『紖蘭《じんらん》　詩人副島種臣の生涯』であった。

旧知の人が「すばる」の編集長になったとき、草森は、副島種臣伝を書きたい、と彼にいった。副島種臣は佐賀人、維新革命に参加し、明治政府成立後の明治七年には「台湾出兵」を計画、事件後に清国と外交交渉を行った人で、漢詩作家、書家としても高名であった。明治九年から一年半ほど副島は中国を漫遊して当地の詩人、書家と交わって詩を交換したが、その時期を中心に書きたいというのである
草森の「終らない癖」を知っていた編集長はややためらったが、二年で終える、という条件で連載を了承した。果たして二年たっても終らず、編集長は人事異動で別の部署に転出した。さらに二年、再び彼が「すばる」編集長に戻ったとき、連載はまだつづいていた。「なかなか江戸時代が終

らず困っている」という草森の言葉は間接的に聞いていたものの、連載開始四年、まだ主人公の副島種臣が生まれていないと知ったときには度肝を抜かれた。最終的には五年半六十五回でお引き取りを願った。

「副島伝」は、しばらく時をおいた二〇〇〇年二月から〇三年五月まで「文學界」で連載された。タイトルは『薔薇香處《しょうびこうしょ》　副島種臣の中国漫遊』とかわった。「薔薇」の読みは原稿で「そうび」と一般的であったものを初校ゲラで彼が「しょうび」と改めた。

連載に際し、担当編集者は草森のリクエストにこたえて、明治十年前後の新聞を調べ、副島関係の箇所はすべてコピーに取り、台湾出兵と対清交渉史料を漁った。清国漫遊時に副島が詩を交換した中国人の身元と事績を調べるため、留学生に現地図書館での調査を依頼した。

尋常ではないコピー料金は原稿料から差し引いたが、高くはない文芸誌の稿料から草森の手元にいくら残ったものか。この時期の草森は、腱鞘炎のためにボールペンが持てなくなり、原稿とゲラ直しには毛筆を使った。その結果、ゲラはますます「謎の地図」の様相を呈した。

驚くべきは、連載第一回末尾に「次号完結」とあったことだ。それはあり得ない、と草森を知る人たちは驚愕したが、翌月もまた「次号完結」と出た。結局、連載三十九回分すべてに「次号完結」とうたわれ、第四十回、二〇〇三年五月号分の末尾に「完」と打たれた。しかしこれも完結しないままの中断であった。

本に憑かれた魂

二〇〇五年三月、六十七歳のとき草森紳一は吐血して入院、三日目に「自主退院」した。しかしそれ以来しきりに体力の衰えを訴えていたようで、元来速足で知られた彼が、よろよろと歩く姿がしばしば目撃された。かねてから、原稿の上りは遅いが落としたことはないと自慢していた草森なのに、二〇〇八年三月、原稿が届かなかった。

電話をしても出ない。電話機が本に埋もれてしまっていたり、旅行中かとも思われたが、案じた編集者が訪ねてみた。ドアのカギはいつものようにかかっていなかった。しかし、電気をつけても本の壁で中は見えない。不安定な本の谷間をこのまま進んでは「二重遭難」の恐れがある。翌日、懐中電灯持参で出直し、いちばん奥の部屋で倒れていた草森を発見した。亡くなったのは、マンションの防犯カメラの映像などから三月十九日頃と推定された。七十歳であった。

草森紳一は本の山に囲まれて死んだが、本の下敷きになって亡くなった人に映画史・文化史研究家の田中眞澄《まさすみ》がいる。やはり「本に憑かれた魂」田中眞澄は、古典的日本映画の知識で右に出るものがない「フィルムセンター最多有料鑑賞者」で、主著に『小津安二郎周游』があった。

二〇一一年十二月二十九日、新宿・紀伊國屋ホールで恒例の「澤登翠《さわとみどり》 活弁リサイタル」が行われ、田中眞澄も出席した。リサイタル終了後、これも恒例となっていた無声映画ファン、編集者たちとの忘年会に参加した。小津安二郎研究に伴走した古手編集者は、田中の飲み方を見て、酒量はかわらないのに酔いのまわるのが早くなったなあ、と感じた。

二次会に移って午前二時頃まで飲み、編集者が桜上水のアパートまでタクシーで送って行った。田中は本に埋もれた室内に人が入るのを好まなかった。入る余地などもとよりないし、本が崩れたら危険だ。編集者は、酔った田中が開錠して室内に入るのを見届けて去った。

翌日、一次会の会場だった店の人が、田中の携帯電話が置き忘れてあったといってきた。着信履歴を見て、もっとも頻繁に連絡を取り合っていた相手に知らせたのだが、それは札幌に住む田中の妹だった。

妹は東京にいる弟に連絡して、携帯を取りに行くよう頼んだ。弟はアパートを訪ねたが施錠されていて留守の気配だったので、メモと携帯を郵便受けに残した。

翌三十一日の大みそかにも弟はアパートへ行った。しかし状況の変化は見られなかった。不安になった弟は、二十九日の二次会までいっしょだった人を探し、事情を尋ねた。その夜、警察の立会いのもとに開錠して室内に入り、田中眞澄の遺体を発見した。遺体は文字通り本に埋もれて、逆さまになった状態だったという。六十五歳であった。

一九四六年生まれの田中は草森の八歳下だが、いくつか共通点がある。異常な量の本を収集した

「調べ魔」であったことのほか、北海道出身で草森は帯広、田中は釧路、道東の出身で、大学はどちらも慶応だった。ただし田中は法学部を出たあと、文学部に学士入学し、その後大学院に進んだ。きょうだい仲がよかったことも似ていた。

田中の生前最後の姿を見たのは、草森紳一を発見した「文學界」元編集長で副島種臣伝を担当した細井秀雄であった。細井は、文芸評論家江藤淳が自裁した日、江藤と最後に会った人でもある。彼は文藝春秋社を退職後、小津映画での笠智衆の役名から借りた平山周吉の筆名で有力な書き手となった。

蔵書の行先

草森も田中も生涯独身で過ごしたと信じられていたが、草森は違った。告別式に妻と娘が出席したのである。「公開もしないけれど、隠しもしない」と決めた夫婦関係で、妻の親族とも草森は親しく、娘とは何回もいっしょに旅をしたという。ほかに母親の違う息子の姿もあった。草森の生前には電話で一度話したことがあるだけだという息子は、娘より十一歳も年長で、すでに三十代後半になっていた。旧知の人々はみな驚き、同時に安堵した。草森紳一は孤独のうちに生を閉じたわけではなかったのである。

草森の没後、マンションに残された約三万二千冊の本の行方が思案された。図書館や学校が寄贈本を受け入れる時代はとうに終っていた。慶応大学は建物を建ててくれるなら、といってきたが現実的な話ではなかった。探した末に草森の故郷、音更町にある帯広大谷短大が引き受けてくれたのは僥倖であった。また副島種臣関係資料は、副島の出身地、佐賀の博物館が収蔵してくれることになった。寄贈本の整理のための倉庫を高島平に借り、多くの友人と後輩たちが整理と発送に協力したのは草森の遺徳であろう。

草森紳一の生前に刊行された著作は四十八冊、没後二〇一〇年までに刊行された遺作は九冊、草森が編集者たちに残した記憶の深さがそこにもうかがえる。草森の遺灰は没後一年の二〇〇九年三月十九日、墨田川下流、彼が住んだ永代橋付近から撒かれた。友人、担当編集者、家族らが稿を寄せた大部な回想『草森紳一が、いた』が刊行されたのは二〇一〇年十二月であった。

川内康範

「生涯助ッ人」

〈作詞家、脚本家、政治評論家〉

■かわうち・こうはん
■2008年4月6日没(88歳)
■慢性気管支肺炎

ものすごい「耳毛」の人であった。さわらせてもらった女性アナウンサーによると「タヌキの毛でつくった筆先みたい」だったという。もともと怖い顔なのにサングラスをかけ、痩せた、過剰なまでに態度の大きなおじいさんであった。なぜか著名な政治家たちと親しく、また一九六〇年代から七〇年代にかけては演歌の作詞家として知られた。

しかし川内康範は、一九五八―五九年の連続テレビドラマ『月光仮面』の作者として、より有名であった。

冒頭に、「憎むな、殺すな、赦《ゆる》しましょう」という字幕が出る『月光仮面』の主人公・祝十郎《いわいじゅうろう》は、あまり頼りにならない助手・袋《ふくろ》五《ご》六《ろ》八《はち》を従えた私立探偵である。そんな設定は「捕り物帖」とおなどだが、国家的陰謀をたくらむ悪漢どもが出現するとき祝十郎は俄然変身する。三日月のエンブレムをつけた白ターバンに白マスクとサングラス、白マントをひるがえした白タイツの姿になりかわるのである。

まだテレビが広く普及する以前の子どもたちは、日曜日の夕方、電器屋の展示テレビの前に群をなした。KRテレビ(のちTBS)で平均四〇パーセント、最高六七・八パーセントという異常な高視聴率を得たが、それがかえって仇《あだ》になった。そうでなくともPTAに嫌われた番組なのに、オモチャのサングラスと風呂敷のマント、月光仮面になりきった子どもが高所から跳び下りては怪我をする事故が多発するに至って、一年半で放映終了に追い込まれた。

アメリカのテレビドラマ『スーパーマン』とマント、タイツはおなじだが、ターバンはインドのシーク教徒から発想した。「月光仮面」の名前は、薬師如来の脇仏、月光菩薩《がっこう》からとった。脇仏だから「正義」そのものではなく、「正義の味方」と自称するのだという。「スーパーマン」は空を飛んだが、「月光仮面」は小排気量のバイクで現場に駆けつけた。悪漢を退治するときも射殺したりはせず、体技だけでこらしめた。なにごとにつけ日本的、かつ仏教的なヒーローであった。

川内康範の実家が寺の住職であったから、というのが一般的な解釈だが、父親は函館で盛業した菓子問屋を営んでいた。それが川内康範の幼い頃、投機に失敗して破産、一念を起こして身延山での修行ののちに函館に戻り、自宅を寺にした。

川内康範は小学校を出ると社会に身を投じ、住み込みの家具屋店員をふりだしに職を転々とした。北海道山中のタコ部屋に入れられたこともあった。十七歳のとき作家をめざして無賃乗車で上京、赤貧の中で必死にコネを開拓、戦前の日活撮影所にもぐりこんだ。

二十歳で海軍に応召、横須賀海兵団の一員となったが、古参兵に徹底していじめられた末に病気除隊となったのは日米開戦直前だという。そのとき手を振って別れを惜しんでくれた戦友たちの多くが南海に没した。生き残った自分は卑怯者だという思いが、戦後、自前での海外戦没者遺骨収集活動と「国士」のふるまいにつながった。遺骨収集活動は本来、国の仕事であるのに申し訳ない、と謝意を表しにきた国会議員・園田直《すなお》との面談が政治家とのつきあいの発端であった。

「国士」作詞家

無学歴を克服して三十代半ばに念願のシナリオライターとなり、新東宝を中心に濫作した。歌謡曲の作詞に手を染めたのは『月光仮面』の大成功とその打ち切り後のことであった。

一九六〇年、松尾和子／和田弘とマヒナスターズが歌った「誰よりも君を愛す」は大ヒット、第二回レコード大賞を受賞した。六六年には青江三奈を発見して「恍惚のブルース」、ついで「伊勢佐木町ブルース」(六八年)で彼女を不動のスターにした。ほかに「骨まで愛して」(城卓矢、六六年)、「君こそわが命」(水原弘、六七年)、「愛は不死鳥」(布施明、七〇年)、「座頭市の唄」(勝新太郎、七四年)

などの詞を書いた。

親がわりのような立場であった森進一には、「花と蝶」(六八年)、「おふくろさん」(七一年)など、四十曲ほどの詞を提供した。七〇年には警視庁機動隊の歌「この世を花にするために」(橋幸夫)を書き、稲川会のために「仁義の花火を天高く」(曽根康明)を書いた。

田中角栄を通じて小佐野賢治、児玉誉士夫と交遊して「右翼」と目され、また福田赳夫、鈴木善幸、竹下登らと親しんで「国士」といわれた川内康範だが、昭和天皇にも戦争責任はある、と公言して「右翼」に狙われたことがあった。そのとき、稲川会が「自主的に」ガードしてくれた縁で会歌を作詞したのだという。川内康範は、平和憲法を守れといった。同時に、不戦の誓いは守りつつ、必要とあれば核武装すべしともいった。

演歌作詞の全盛期六〇年代が去ると、『月光仮面』を見た世代からは忘れられた。しかし、それより十歳あまり若い世代には、テレビの特撮番組、『愛の戦士 レインボーマン』(七二―七三年)、『光の戦士 ダイヤモンド・アイ』(七三―七四年)、『正義のシンボル コンドールマン』(七五年)の作者として知られた。「ダイヤモンド・アイ」は、その手に持つステッキの先端に嵌め込んだダイヤモンドから「外道照身《げどうしょうしん》電波光線」を発すると、怪物は前世のあさましい正体をあらわにするのである。七五年からは『まんが日本昔ばなし』の監修を二十年にわたって行った。

八四年、「グリコ・森永事件」のとき久しぶりに彼の名を聞いた。

毒を入れたお菓子を販売店の棚に置いて製菓会社を恐喝した犯人グループ、自称「かい人21面相」に、「おれが一億二千万円出すから、もう手を引け」と呼びかけたのである。一億二千万円は、当時六十四歳の川内康範が、借金しても十年間で返せると計算した額であった。

「かい人21面相」から反応があった。

「あんた　金　プレゼント　する　ゆうたけど　わしら　いらん　わしら　こじきや　ない」

「わしらも　月光仮面　見たで　おもしろかった」

結局「グリコ・森永事件」は未解決のまま時効になった。

「通俗」をつらぬいた一生

最後に川内康範の名前を聞いたのは、二〇〇七年二月、歌手森進一との「おふくろさん」騒動であった。森進一は、川内作詞の「おふくろさん」に、「いつも心配かけてばかり、いけない息子の僕でした」など、あらたな「語り」を付した改変バージョンを歌っていたが、川内康範はそれが著作権の侵害であるのみならず、作詞者の心を踏みにじる行為だから、もう歌わせない、と森に通告したのである。

釈明のための最初の面会を、森は高血圧を理由に直前キャンセルした。さらに、「おふくろさん」という歌はすでに歌手森進一のものになっている、と非公式に発言した。それを知った川内は激怒した。森進一は謝罪のため、川内の東京での常宿であるホテルを訪ねたが、会ってもらえなかった。日をおかず、森は青森県八戸の川内宅へ出向いた。しかし門前払いされた。芸能界でこういう問題が生じると川内が間に入っておさめたものだが、その当人とのトラブルでは時の氏神は望むべくもなかった。

それにしても青森県在住とは意外であった。赤坂のクラブを、二、三十人の取り巻きを連れて飲み歩いていた時代、川内は古典的な「無頼派」のふるまいかたをした。七〇年代後半に体調を崩し、死に場所をもとめるつもりで渡米した。そこで米国籍を持つ日本人女性と知り合い、結婚した。川内にとって三度目か四度目の結婚であった。以前の夫人たちとは、東京の家や著作権の一部をわたして別れていた。八〇年、新夫人をともなって帰国、二年後、夫人の実家のある地に移住したのである。

結局、川内の死まで森進一との関係は修復されなかった。作詞・作曲・編曲の権利は著作権法で手厚く保護されるが、歌手には著作隣接権しか認められない。JASRACは、森の歌った改変バージョンは著作権侵害にあたるとして、森の歌唱を禁じた。オリジナルを森が歌う権利はあるとしたが、森進一は「おふくろさん」のみならず、川内作詞の四十曲すべてを封印した。

この一件後、持病の気管支障害に肝炎を併発した川内康範は、八戸市内の病院に入院した。一時軽快して退院したものの、〇八年に入って再入院、四月六日に亡くなった。病名は慢性気管支肺炎、享年八十八であった。生前、戒名はいらぬ、と川内は口にしていたが、夫人と関係者が相談の上、「生涯助ッ人」を戒名と決め、位牌にもそうしるした。それは川内が自伝のタイトルともした言葉であった。

『月光仮面』世代にとって、川内康範は最初から「ヘンなおじさん」であった。ドラマをたのしみながらも、ヘンな設定だと子ども心に思っていた。よくいえば天衣無縫、ありていにいえば荒唐無稽、言語化はしないもののそう感じていた。

六〇年代、作詞の全盛期も、彼の感情むきだしで濃厚な日本語表現に辟易しながら、これは戦後的日本語に対する否定の身ぶりなのだろうと察した。ならば、つい彼の歌詞を口ずさんでしまう自分にもそういうところがある。

晩年近くにインタビューした人によると、いつも青江三奈とかデヴィ夫人みたいなタイプの女性たちが取り巻いていて、秘密結社の雰囲気があったという。古典的な「無頼の人」というより、信念を持って「通俗」をつらぬいた一生というべきであろう。

広井てつお

〈マンガ家〉

恐るべき速度で進行した

©川崎茜

■ひろい・てつお
■2008年8月28日没(57歳)
■上顎歯肉悪性腫瘍

広井てつお(本名・哲雄)はマンガ家でオートバイ好きだった。「はだか祭り」で知られる岡山県西《さい》大寺《だいじ》出身、実家は兼業農家で父親は教員だった。しかし身内に肺病患者をかかえたため経済的に苦労し、農繁期に手伝ってくれる人の手間賃をお米で払ったりした。一九五〇(昭和二十五)年生まれの彼は「戦後」の匂い濃厚な環境で育った。

率先して「漫画研究会」をつくった西大寺高校を卒業後、カメラの修理会社に就職した。だが二十歳でプロのマンガ家をめざして上京、村野守美《もりび》の弟子になった。月刊マンガ雑誌「COM」でデビュー、一九八〇年代前半には大手出版社の青年マンガ誌に連載を持ったが、やがてオートバイ雑誌をおもな仕事先とした。オートバイを精密に描くには愛着と忍耐が必要だが、広井てつおは凝り性でもあった。そのため締切を守れず、マンガ誌の編集者から敬遠されたのである。以後は署名原稿のほか、売れているマンガ家の仕事を手伝って暮らしを支えた。

代表作とされる『W1《ダブワン》ララバイ』は、八〇年代当時もっとも先鋭的なオートバイ雑誌であった「ミスターバイク」に発表した。「W1」は広井てつおが愛したカワサキの伝説的な大型バイクだが、晩年の彼はホンダの赤い小型バイクCS90を改造して愛用していた。

二〇〇〇年代に入った五十四歳のとき、病気の母の面倒を見るため、単身西大寺に帰った。子どもたちはすでに独立し、孫もふたりいた。八〇年代なかばにかいた『西大寺ぶるうす』という作品を、よりローカルに、より私マンガ的にかき直して、二十三年ぶりにおなじ「ミスターバイク」に載せたのは二〇〇八年はじめであった。

口の中におでき

その年、二〇〇八年四月、烈しい腹部の痛みに襲われた。以下は、ネット上の「掲示板」の、本人、家族、友人たちの書き込みを参考に書く。

間隔をおく激痛に、たまらず病院に駆け込んだ。ひどい痛みに長時間耐えたのち、ようやく胆石だとわかった。四月末に手術、直径二センチの胆石を取り出し、胆嚢を切除した。

口の中におできができたのは胆石手術の二週間後であった。術後で抵抗力がないためだろうと考えて歯医者に行ったが、切開しても膿はほとんど出ない。やがて腫れが三倍にもなったので、病院でCTを撮ってもらった。しかし原因はわからない。本人はがんを疑った。岡山大学病院で検査を受け、悪性の口内腫瘍と判明したのは五月下旬、きわめてめずらしい症例であった。

六月五日、大学病院に入院、「上顎歯肉悪性腫瘍」という病名を告げられ、六月十九日に手術を受けた。親指の先ほどの大きさだった左上顎の腫瘍は、このときすでに口中いっぱいに広がり、誰の目にもそれが見えた。

口腔外科、耳鼻咽喉科、歯科、整形外科、四科合同の手術で、まず上顎の切除、抜歯と頬骨、ついでリンパ節の切除を行った。手術に五時間、口中の空洞に腹部の肉を移植する再建手術に六時間かかった。本人が心配していた左目の摘出はまぬがれた。

病床で最後の一ページ

広井てつおは、手術直前まで病室でパソコンを使ってマンガをかきつづけた。手術翌日には、自分を撮影しろと家族にいってピースサインを出した。七月五日、「楽しかったなーっ! と言って死にたい」と掲示板に携帯から投稿した。

七月九日、退院。口蓋内再建手術のために組織を取った腹の傷はぐんぐん治る。なのに頬は日ごとに腫れる。しかし放射線治療は、自己免疫機能・自浄能力を損なうからと拒否した。本人がネットに載せた手術前の「患部の画像」を見た友人たちは、みな息をのんだ。異常な速度でがん細胞は増殖していた。

七月二十二日、再入院。がんは首のうしろ、左右の肺、脊椎、こめかみに転移していた。腫瘍が気道を圧迫して「誰かが首をしめている」ような状態に至ったので、咽喉を切開した。その結果、声を失った。

かつての担当編集者は、今回も広井さんは「締め切り」を守らないだろう、守らないで、と掲示板に書き込み、回復を祈った。八二年の『W1ララバイ』を復刻刊行するのが、病気以前からの広井てつおの願いであった。原画のほとんどが散逸していたが、彼は見舞いに来たマンガ家や家族にベッド上から指示して原稿を修正、ついに完成させた。

八月に入った。丸山ワクチンを試したいと本人が希望したので、担当医の了承を得た娘さんが東京の日本医大で丸山ワクチンを受け取り、岡山大病院に届けた。接種は八月十三日から始まったが、その病床で、広井てつおは最後のマンガを一ページ分だけかいた。それが次ページに掲げた「ドウモスイマセン」と題された原稿である。

八月二十三日までは自分で携帯メールを打てた。筆談も可能だった。だがその日から、浸出液の増加と大量の出血に苦しむのでモルヒネを投与した。二十四日、四十度以上の高熱を発しつつ、病床で無意識のうちに体を大きく左右に揺らした。そのため点滴で眠剤を与えた。二十五日、目は開いていたが、もはや意識ははっきりしなかった。二〇〇八年八月二十八日朝、逝去。五十七歳。

報われぬ夜をともに過ごした人

私が広井てつおというマンガ家の最晩年を書こうと思った理由は三つある。

①なにげなく「ミスターバイク」のページをめくっていたとき、「ドウモスイマセン」と題された一ページのマンガを見つけた。

© 広井てつお（「ミスターバイク」2008 年 11 月号）

「この漫画が、広井さんの最後の作品となりました。広井さんのご冥福を心からお祈りして、掲載させていただきます」という編集部の断り書きが付された臨死のマンガ家の一ページは、まさに衝撃であった。

②一九八三年だったと思う。当時の私は夜更けから未明にかけて、オートバイで東京のファミリーレストランをめぐりながら原稿を書いていた。

飽きっぽい性格なのでおなじ場所に長くいられない。一軒の店に一時間半、最大三ヵ所で仕事をする。そんな報われない夜の繰り返しであった。

青梅街道沿い、善福寺の「ロイヤルホスト」のカウンター席でマンガ原稿に「ネーム」を入れている青年がいた。救われない表情なのは私とおなじだった。原稿は冒頭ページだったから、『馬上の虎』というマンガのタイトルと「広井てつお」という署名が見えた。当時の私はマンガ業界の周辺にもいたので、名前に見覚えがあった。「大変そうですね。がんばってください」と、つい声をかけた。彼は「ああ、どうも」と答えた。それだけのことにすぎないが、まるで縁がないわけでもなかった。

③「ドウモスイマセン」を読んで、その病気の進行のあまりの速さに恐れを抱いた。

二〇〇八年五月末に腫瘍が見つかって六月五日入院。十九日に手術。七月二十二日再入院。八月十三日、丸山ワクチン投与。その十五日後に亡くなった。病名判明から、わずか三ヵ月。

『W1ララバイ』復刻版は、著者の死から二ヵ月余りのちの二〇〇八年十一月初旬、少年画報社から刊行された。

中村 進

チョモランマ（エベレスト）と日本人登山家の物語

〈山岳テレビカメラマン〉

■なかむら・すすむ
■2008年10月1日没（62歳）
■チベットで登山中、雪崩に巻き込まれ死亡

一九八〇年五月三日、山岳テレビカメラマン中村進は日本テレビ隊の一員として、日本山岳会隊の加藤保男とともにチョモランマ（エベレストのチベット語呼称、ネパール語ではサガルマータ）の頂上アタックに挑んだ。このとき加藤保男はチベット側から外国人として初登頂に成功した。またその一週間後の五月十日、重廣恒夫と尾崎隆が北壁世界初登頂を果たした。彼らは日本人登頂者としてはそれぞれ七、八、九番目、世界では百五、百六、百七番目であった。しかし、中村進は、頂上直下百メートルまで迫りながら登頂を断念した。

中村進は、開発されたばかりの四分の一インチのVTRカメラをかついで頂上アタックしたのだが予想以上に時間がかかり、八七五〇メートル地点で周囲は暗くなり、酸素も底をついた。加藤保男は一人で頂上をめざして登りつづけたが、中村進は、日本テレビ隊のリーダー岩下莞爾に、「安全を考えると限界です」と交信し、八七〇〇メートル付近の岩棚に腰をおろしてマイナス三〇度の低温と酸素欠乏、生死の境界線上の一夜を眠らずに過ごした。

翌朝、中村進はまだ生きていた。しかし酸欠のために視力を失い、立ち上がるとよろけ、首が動かなかった。死を覚悟した。

「でも、意識が朦朧《もうろう》としていたためか、不思議に恐怖心はなかった。むしろ、チョモランマという自然に抱かれているようなぬくもりを感じさえした」(中村進『南極点スキーマラソン 未知への旅』)

そこへ加藤保男が降りてきた。前日夕暮れ時に登頂に成功した彼は、中村進よりも少し上の稜線で一夜を明かしたのちに下山を開始したのである。加藤が先に立って下ると、下から救援隊員が二人、重い酸素ボンベを背負って登ってきた。中村進は生還した。

現在よりずっと重かったテレビ撮影機材をかついで登山家とともに登り、ときに上から登山家を撮影するカメラマンの技術と勇気に、私は改めて驚く。

世界を驚かせた「ジュンコ」の登頂

エベレストは一九二二年以来、世界の登山家たちの挑戦を受け、三十一年後の五三年、英国隊のニュージーランド人エドマンド・ヒラリーとチベット人テンジン・ノルゲイが初登頂を果たすまでに十三人の命を奪った。日本人初登頂は一九七〇年五月、南東陵からの松浦輝夫、植村直己、平林克敏で、世界では二十五、二十六、二十七番目であった。また七三年十月には、石黒久と加藤保男が秋季世界初登頂を果たしている。

日本人六番目、世界三十九番目の登頂者は、七五年五月、エベレスト日本女子登山隊の田部井淳子で、ネパール人のアンツェリン・シェルパとともに頂上を踏んだ。この隊(久野《ひさの》英子《えいこ》隊長)は企業スポンサーをつけない方針で、遠征費は隊員個人負担であったため、先行の各国隊が残した缶詰やザイルを利用するような倹約を強いられた。さらに六五〇〇メートル地点の第2キャンプ(C2)で雪崩に遭い、隊員十五人中十三人が重軽傷を負った。登山は続行したが、頂上アタック用の酸素ボンベはひとり分しかなく、副隊長で登攀隊長、三十五歳の田部井淳子が指名された。

彼女のエベレスト登頂は、女性には不可能という「常識」を疑わなかった世界を驚かせた。社会派ミステリー作家のサラ・パレツキーが創造したシカゴ生まれの女性探偵V・I・ウォーショースキーは、心が挫けそうになったとき、作中でしばしば「私はジュンコ・タベイじゃない。ジュンコほど強くない」とつぶやいた。

「公募登山隊」

八〇年に断念した中村進がチベット側から再挑戦、登頂に成功したのは一九八八年五月五日である。中国、ネパール、日本の三国友好登山隊に加わった日本テレビ隊、四十二歳の中村進ら三人が、テレビカメラのほかに重い送信機とバッテリーを頂上までかつぎ上げた。そこから標高五一五四メートルのBC(ベースキャンプ)に送信、さらに直径七・八メートルのパラボラアンテナで地上三万六千キロのインテルサットに映像と音声を送って、世界初の衛星生中継を行った。彼らは日本人登頂者では二十七から二十九番目、世界では二百十八から二百二十番目であった。

田部井淳子のつぎに登頂した日本人女性は、一九九六年五月、ニュージーランド人ガイドの主宰する「公募登山隊」に参加した難波康子であった。しかし登頂時間が遅れたため、サウスコルまで降りたときはすでに夜になっていてC4に帰れず、力尽きて凍死した。

難波康子もまた田部井淳子とおなじ七大陸最高峰登頂者で、田部井がエベレストから始めたのに対し、彼女はエベレスト登頂でそれを完成、その夜に亡くなったのである。このとき四十七歳だった難波康子は女性三十七番目、当時の女性世界最高齢記録であった。

一九九三年から、欧米人の熟練登山家たちが素人登山家に、ひとり三万ドルから八万ドルで頂上を踏ませるエベレスト公募登山隊が始まっていた。そのため登頂者は急増、アタック好適日の頂上直下ヒラリーステップではしばしば渋滞が生じた。それが登頂時間の遅れにつながり、遭難もしばしば起こった。難波康子が遭難した九六年五月十日から十一日にかけては、公募登山隊二隊にチベット側からのインド隊などを含め、計五隊で十人が死亡した。

二〇〇〇年、一二〇〇番台を最後に登頂順位は付けられないが、別の「世界初」を狙う登山が盛んになった。プロ・スキーヤーの三浦雄一郎は二〇〇三年五月、七十歳で登り、二〇〇八年にも七十五歳で登った。二〇〇二年に六十三歳で女性世界最高齢記録をつくった渡邉玉枝は、二〇一二年にも七十三歳で登って自らの記録を更新した。二〇一三年には三浦雄一郎が八十歳で三度目の頂上を踏んで、世界最高齢登頂者となった。

チベットの雪崩で遭難

中村進は一九四六年、前橋生まれ。六八年に日大法学部を卒業すると芸術学部写真学科に再入学、その年、グリーンランドを人牽き橇《そり》で横断する日大隊に最年少隊員として参加した。芸術学部に八年在籍後、テレビカメラマンになった。八〇年、八八年とエベレスト登頂を撮影、九四年末には、クロスカントリー・スキーで三十九日かけて南極大陸一二〇〇キロを走破して南極点に到達した。そのとき四十八歳であった中村進は、南極点で「チョモランマ山頂で感じた身心の透明感と自然との一体感」を味わった。

「大氷床をボロボロ涙を流しながら走り、宇宙を走っているような気持ちになり、そのまま宇宙の彼方に身を捧げてもよいような心理になりました」

「未来の社会を担う子どもたちが、自然の尊さと自然の恵みがわかる優しい心をもつおとなになって欲しいと願っています。残りの人生は、そうしたことの援助、奉仕ができれば幸いと思っています」(探検家たちの雑誌「地平線の旅人たち」に寄稿)

二〇〇六年、六十歳で赤城山に懸案の「山の塾　中村ネイチャーハウス」を開設、二〇〇八年、六十二歳でチベット「四大神山」のひとつクーラカンリ(七五三八メートル)縦走隊に参加した。十月一日、五九〇〇メートルのC1から六五五〇メートルのC2へ向かう途中、雪崩に巻き込まれ、加藤慶信隊長(三十二歳)、有村哲史隊員(二十七歳)とともに亡くなった。加藤慶信は八〇〇〇メートル級八座に十一回登り、一九九九年、リャンカン・カンリの未踏峰(七五三五メートル)に中村進らと初登頂、二〇〇五年にはエベレスト無酸素登頂を成功させた人である。

昭和女子大卒業後、社会人山岳会に参加して登山を始めた田部井淳子は、六五年十二月、女性ペアで谷川岳一ノ倉沢積雪期登攀に成功、七五年、三十五歳でエベレストの頂上を踏んだ。九二年、エルブルスに登って七大陸最高峰登頂を完成した。二〇〇〇年、六十歳のとき九州大学大学院比較社会文化研究科を修了した。修士論文は「エベレスト清掃」であった。二〇一六年十月二十日、世界登山史にその名を刻んだ彼女は腹膜がんで亡くなった。七十七歳であった。

峰岸 徹

〈俳優〉

最晩年の役は「遺体」

■みねぎし・とおる
■ 2008 年 10 月 11 日没（65 歳）
■肺がんの骨転移

俳優の峰岸徹が、大林宣彦監督の映画出演をきっかけにトライアスロンを始めたのは五十六歳のときであった。二〇〇〇年からは宮古島で行われる大きな大会にエントリーするようになり、〇一年にはトライアスロン体験記を出版した。

しかし〇八年二月、持病の腰痛がことのほかひどく、自転車を漕げなくなったので病院へ行った。脊柱管狭窄症が疑われたが、四月、念のために検査入院した。検査結果を見た医者は、進行した肺がんだと告げた。腰痛は、がんの骨転移だという。健康には自信があった彼には、まさに青天の霹靂《へきれき》であった。峰岸徹が「手術できますか」と尋ねると、医者は「できません。もうそういう段階ではありません」とこたえた。

「六本木野獣会」

一九四三年、東京木挽町《こびきちょう》、いまの新橋演舞場近くに生まれた峰岸徹の母は新橋の芸者であった。泰明《たいめい》小学校二年生のとき、母親が小さな料亭を日本橋浜町《はまちょう》で経営するようになったので、そちらに越した。父親は上場会社の重役であったが、中学一年のとき一度会ったきりという。

高校は良家の子弟が多い暁星に進んだ。高三のとき渡辺プロダクションと縁ができ、籍を置いた。ナベプロは、彼が「六本木野獣会」のメンバーだと強調した。

明治以来の連隊所在地であった六本木には、戦後、在日米軍の通信隊が置かれ、米軍人、大使館員、それに「不良外人」でにぎわった。その疑似植民地のような街につどった青少年のグループを「野獣会」と称した。みな中流家庭の十代の子弟で、その核心は加賀まりこ、藤木孝などとされた。芸能界の新人を「野獣会」のメンバーだとして売り出そうと考えたのはナベプロの渡辺晋《しん》である。

峰岸徹は日大芸術学部に進んだ六二年、女性教師と恋愛するませた高校生役で東宝から映画デビューした。共演は白川由美であった。六三年にはＮＨＫの生放送ドラマ『若い季節』に出演したが、翌年、日芸を中退して俳優座養成所の十六期生となった。三年後に卒業すると文学座に入団した。大映と契約、二度目のデビューをしたのは六八年で、大映の有望新人がつねにそうだったように、柔道家の役であった。しかし大映は七一年に倒産した。

フリーとなり、七五年に天地真理主演のミュージカルの舞台を踏んだときから、峰岸徹と名のった。峰健二、峰岸隆之介につぐ三番目の芸名であった。七七年、大林宣彦監督の『瞳の中の訪問者』に出演し、以来大林作品の常連バイ・プレーヤーとなった。九三年のテレビドラマ『高校教師』（野島伸司脚本、TBS）では実の娘（桜井幸子《さちこ》）と近親相姦する父親を演じた。

アイドルの死については生涯語らず

峰岸徹の名が広く知られたのは、八六年四月八日、十八歳の歌手兼タレント、岡田有希子が自殺して、その恋人とされ、前途有為なアイドルの自殺の原因をつくった薄情な中年男と目されたときである。

愛くるしい美貌に聡明さの印象のともなう岡田有希子は、前年、八五年十一月からTBSのテレビドラマで峰岸徹と共演し、短い時間のうちに彼を愛した。そして彼に捨てられたと思ったとき、自宅で自殺未遂したという。それは軽傷で済んだのだが、芸能マスコミが大騒ぎしていると知った彼女は、その日の午後、所属事務所がある四谷《よつや》大木戸《おおきど》のビルの屋上から新宿通りに身を投げたのである。このとき峰岸徹は四十二歳であった。

峰岸徹は年下の女性に愛された。本人もそういう女性を好んだようで、三十二歳のとき十一歳年下のモデル出身の女性と結婚した。一女をもうけたが五年後に離婚、子どもは峰岸が育てた。彼が芸能界とは縁のない十六歳下の女性と婚約したのは、八六年二月であった。峰岸の二十四歳下の岡田有希子は、このことにショックを受けたのではないかと見る向きが少なくなかった。

岡田有希子はつぎのように書き残していた。

「いいお友達でいよう。あなたに言われたこの言葉、ナイフのように私の胸に突き刺さっている」

「ずるい、ひどい、今さらそんな……」

芸能マスコミに追いかけられた峰岸は、つぎのようにコメントした。

「ぼくは兄貴のつもりでいたが、彼女にはそれ以上のプラスアルファがあったかもしれない。もし、そういうことだったとしたら、ぼくにも責任はあると思います」

結局、峰岸徹は岡田有希子の自殺については生涯語らず、やむを得ないときには、上記のコメントを一字一句たがえず繰り返した。

最晩年の役は「遺体」

末期がんの告知を受け、抗がん剤の治療を受けながらも仕事をつづけた峰岸徹の、最後から二番目の出演作は滝田洋二郎監督の『おくりびと』(二〇〇八年)、漁師町でひっそりと窮死した男の「遺体」の役であった。そして最後の作品は大林宣彦監督作品の出演二十八作目、『その日のまえに』という題名の、余命宣告を受けた妻を見守る家族の物語であった。しかしその頃にはもう外出できなくなっていた峰岸徹は、自宅で一シーンだけの出演にとどまった。

　がん告知から半年、峰岸徹は〇八年十月十一日に死んだ。六十五歳であった。ほんとうに岡田有希子が慕ったのは峰岸だったたか、あるいは別の大物俳優の存在を隠すためのダミー役を振られたのか、そのあたりの事情はいまもわからないとされる。

筑紫哲也

「タバコが直接の原因ではない」

〈ジャーナリスト、ニュースキャスター〉

■ちくし・てつや
■2008年11月7日没(73歳)
■肺がんの全身転移

朝日新聞記者出身のニュースキャスター筑紫哲也は、二〇〇七年五月十四日、TBSの自分の番組「NEWS23」で肺がんを患っていると告白した。春の検診で判明した、初期だから治療に専念するためにしばらく番組を休む、と彼は視聴者にいった。

普段からヘビースモーカーであった。ハイライトやマールボロの赤といった強いタバコを好んで、一日に六十本くらい吸っていた。がんと診断されたあと一時やめたが、急に太りだしたので、また吸うようになった。ただし本数はかなり減らした。

治療中にも、何度か番組に出演したが、おもに声だけだったのは、放射線治療で髪が抜けて付け毛をした姿と、はげしい体重変化を視聴者に見せたくなかったからである。

新聞記者よりも雑誌編集長

筑紫哲也は大分県日田《ひた》市出身、祖父は福岡藩の支藩、秋月藩士の末裔で、医師と地方政治家を兼ねた。哲也は医業を継がなかった父親にしたがって上京して小学校に入学、九歳のとき戦時疎開で九州に戻った。色白小太り、運動神経皆無の典型的な都会の子で、おまけに当時は銃を撃つのに不都合とされた左利きだったので肩身の狭い思いをした。

戦後、東京に帰って都立小山台高校を卒業し、東大を受験したが二度失敗、早稲田の政経学部に入った。大学時代は、グリークラブに所属、クエーカーの別名で知られるフレンド教会系のボランティア活動に熱中した。

卒業した一九五九年は就職難の時代である。成績が悪くて大学の推薦がもらえなかったので、自由応募の新聞社の試験を受けて朝日新聞社に入った。地方支局をまわされたのち、政治部記者として三木武夫の担当となった。署名原稿を書きたがるタイプの記者で、チームプレーには向かなかった。新聞記者の仕事は、実は書くことではない。連日見知らぬ人と会うことだ。そんなストレスに苦しみ、十年で見切りをつけようと思っていた。

六七年、復帰前の沖縄特派員の辞令が出された。沖縄では念願の署名記事を多く書くことができ、はじめて新聞記者という職業になじんだ。彼のニュース番組の特色ともなった沖縄への深い思い入れはこのとき以来である。ついでワシントン特派員となり、署名記事を発信しつづけた。

だが筑紫哲也の本領は新聞記者よりも、雑誌編集長と、その応用形であるニュースキャスターとして発揮された。八四年、朝日新聞社発行の週刊誌「朝日ジャーナル」の編集長に就任すると、若者たちに支持される新たな才能へのインタビュー記事を連載し(「若者たちの神々」「新人類の旗手たち」)、五〇年代後半から六〇年代生まれの「新人類」を大々的に紹介した。新人類とは、「新・人類」と「新人・類」をかけた造語であったが、八〇年代を代表する流行語となって、七〇年前後に全盛期を迎えたのち低迷するばかりだった論壇週刊誌「朝日ジャーナル」を復活させた。「若者たちの神々」第一回は、『逃走論』を書いた若い哲学者の浅田彰であった。

テレビ向きの「大ざっぱ」さ

新聞記者が、テレビを見下していた時代から時々テレビに出演していた筑紫哲也は、八九年に朝日新聞社を退社すると、同年TBSで始まった「NEWS23」のキャスターとなった。番組を、その日のニュースをつたえる第一部と、インタビュー中心の第二部に分け、第二部では自分の好みのゲストを各分野から呼んだ。それは「若者たちの神々」とおなじ手法であった。

筑紫哲也は相手に話させるのが得意であったが、それは聞いているのかいないのかわからない筑紫を不安に感じた相手がつい喋ってしまう、とする方があたっていただろう。また、いわゆる突っ込みが足りなかったのは、本人も認める「大ざっぱ」な性格のしからしめたところだが、その「大ざっぱさ」こそ、温厚な風貌とともにテレビ向きであった。

オウム真理教による地下鉄サリン事件後、TBSが放送前の取材ビデオテープを八九年十月二十六日、強硬な要求に負けてオウム教団に見せ、それが九日後、十一月四日に起きた坂本堤《さかもとつつみ》弁護士一家殺害事件につながったという事実が判明した。その検証番組で筑紫哲也は「TBSは死んだにひとしい」と断言した。しかし「死んだにひとしい」会社の番組から彼自身は降りず、結局十八年間、月曜から金曜までの週五日間、働きつづけた。連日のテレビ生出演は、たしかに相当な負担であっただろう。それが「タバコは引き金で、がんの本当の原因はストレス」という持論の根拠でもあった。

タバコは棺に入れられず

キャスターを後任の元共同通信社編集局長・後藤謙次に託すとき、筑紫哲也はこう助言した。「テレビは軽率で不完全なメディアだから、家で奥さんと反省会をやるのはやめなさい」。反省もストレスになるといったのである。

二〇〇七年十一月二十六日付、毎日新聞記者・藤原章生《あきお》のインタビューでは、「がんになり、発見があった。患者と有権者は似ている」と語った。どちらも、文献を読み、専門家のアドバイスを受け、いくら情報を与えられても、自分で思うほどには賢くはなれず、結局は他人にいわれるままになる。そして悪い結果が出れば「自己責任」とされる、というのである。

「僕の体は空爆されたイラクみたいなもの。放射線でがんはほぼ撃退したけど、体中が被曝している。西洋医学は敵を攻めるばかりだが、東洋医学は、がんを生む体にならないようにすることを心がける。それが自分には合っている」

放射線治療の後遺症でのどが腫れ上がったとき、はり治療で救われたことを指している。この時期の彼は、月の半分を奈良の東洋医学専門家のもとで過ごし、立命館大客員教授として週一回講義し、あとは『源氏物語』を読み続けるという日常で、本人も寛解に期待を抱いていた。

だが〇七年十二月、がんの全身転移を告げられた。最初のがん告知では、がんとの闘いに闘志を燃やした筑紫哲也だが、このときの落胆ぶりはひどかった。それでも、乳がんを患った女優・樹木《きき》希林《りん》に紹介された鹿児島の病院で放射線治療を受けた。そのために家族全員が一時期ほとんど鹿児島に移住するようにして筑紫哲也を支えた。

しかし、がん告知から約一年半、〇八年十一月七日午後、筑紫哲也は息を引きとった。七十三歳四ヵ月の生涯であった。棺には、彼が愛したタバコは入れられなかった。やはり病気の原因はタバコ、と家族は見ていたのであろう。

飯島　愛

バブルの娘

〈女優、タレント〉

■いいじま・あい
■ 2008年12月17日頃没(36歳)
■肺炎

一九八七(昭和六十二)年から一九九〇(平成二)年までの「バブル経済」の時代は、タレント飯島愛(本名・大久保松恵)の十四歳から十八歳にあたる。

十四歳で学校から遠ざかり、十六歳から六本木と銀座のホステス、十八歳でAV(アダルトビデオ)女優となって、やがてテレビタレントに転じ、二十八歳で赤裸々な自伝『プラトニック・セックス』(小学館)を刊行、百七十万部のベストセラーとした飯島愛は、まさに「バブルの娘」であった。

歌舞伎町で遊ぶ少女

江東・亀戸の会社経営者の長女飯島愛は、両親のきびしいしつけのもとに育てられた。親は娘を都心部の名門私立女子中学に進学させたかったが、それがかなわないとなったとき、おなじ区立でも、より程度の高い中学に越境入学させた。

母親は「あなたのためだから」といいながら、学習塾から長刀《なぎなた》まで多くの習い事をさせた。父親は有島武郎の『一房の葡萄』を朗読させ書き写させるという「道徳教育」を娘にほどこした。そんな強圧的な「多忙さ」から逃れたかったのか、「サザエさんちが理想の家庭」とひそかに思う娘は、十四歳から不良行為に傾斜した。

原宿の路上で大集団で踊る「竹の子族」にまじって知りあった関東近県の女子中学生たちと、新宿・歌舞伎町を遊び場とした。有料トイレで着替え、脱いだ制服をコインロッカーに入れる。デパートの女性衣料品売り場の試着室で気に入った服を身に着けて、そのまま店を出る。ディスコに「中学生割引」で入って閉店まで踊り、シンナーを吸う。パンダのようなお化粧の垢抜けない女の子は、そんなことを繰り返すうちたびたび補導された。

何度目かに補導されたとき、親は警察に「もらい下げ」に来なかった。そのため、ひと晩留置された。施設送りで構わないという親の意志表示である。しかし、週一回少年二課までカウンセリングを受けに出向くという条件で許された。

まだ中二だったとき、歌舞伎町のディスコで知りあった少年といっしょにパチンコをして稼ぐと、吉野家の牛丼を手に昼の割引タイムにラブホテルへ行き、多いときは一日でセックスを十回以上した。十五歳でその少年と同棲、しかし相手の親とのトラブルで逃げ出した。少年の友人たちに助けをもとめると彼らに輪姦されかけた。自殺を考えたが実行できなかった――と『プラトニック・セックス』にある。

十六歳で「おミズの花道」

高校に進学したが、一学期で退学した。八八年晩秋、十六歳になった彼女は「アルバイトニュース」で見た湯島のスナックで働きはじめた。日給一万円、お金をもらえて、カラオケが歌えて、お酒が飲める。お客にちやほやされる。こんな楽しいバイトはないと思った。「愛」という源氏名は、「水商売」の第一歩を踏み出したこの店がつけてくれた。「飯島」という姓はもう少しのち、その頃テレビの深夜番組で人気があった飯島直子にあやかった。その店での客の評判はよかったが、十九歳と自称したのに実際は十六歳になったばかりとばれて、クビになった。

家にもどるつもりはなかった。「自立」するにはホステスが早道だ。時代はバブル、仕事はいくらでもあった。お客はいくらでもいた。帰りのタクシーは深夜二時過ぎまでつかまらず、時代は沸騰した湯のようだった。

彼女がいうところの「おミズの花道」は六本木から始まるのだが、その前に目黒の広いワンルーム・マンションを借りた。家賃十三万八千円、お金は街で知りあった若い自称医者に借り、賃貸の名義人にもなってもらった。いくらでもお金を持っているらしい彼は、アルマーニ、ロレックス、ブルガリなど高級ブランドを身につけ、「肩からのショルダー電話をいつも自慢気に使いこなしていた」。当時の携帯は、まだ戦場無線機くらいの大きさだった。

街は、車で送り迎えしてくれる「アッシー」、ごはんをご馳走してくれる「メッシー」、プレゼントを貢いでくれる「ミツグくん」、本命不在のときの代打要員「キープくん」など、下心いっぱいの青年たちであふれかえっていた。おミズの女の子たちが羨望と嫉妬の火花を散らす「バブル」の絶頂期をすごした六本木でも同僚ホステスに年齢詐称をチクられ、店を辞めた。銀座へ移ったが、美容院に毎日行かなければならず、タクシー通勤で、それらはみな自前だったから、いくら時給がよくても夜ごと朝まで遊んで男に入れあげる癖があればとても追いつかない。

「どうせ、すぐやめる」

一九九〇年末、飯島愛はニューヨークへ行った。たった一週間の滞在だったが、ニューヨークの広さ、自由さ、先端的な遊び場での性的光景に衝撃を受けた。いつかここに「留学したい」「英語で遊びたい」と十八歳の飯島愛は強く思った。

そのためにはお金だ。しかし家賃は十八万円なのに、九〇年の一月から四月までだけで五百四十万円も使う暮らしぶりでは「留学」資金はとても貯まらない。「ハゲオヤジ」のプレゼントのブランド品を質屋に持って行き、お金にかえる。それでも全然足りない。「誰もが知っている大企業」の社長がホテルの部屋のテーブルに三百万円の札束を置いたときには、さすがに驚いた。要するに売春である。

AV出演の話がきたのは九一年夏、領収書にサインしたのは満十九歳になる直前だった。三ヵ月働けば一千万円といわれ、承知した。十タイトルか二十タイトルのAVに出る。性行為は「疑似」でいいけれど、そのほかは何でもありだ。飯島愛はどうしても一千万円が欲しかった。「留学」費用、引越し資金、クラブの客が踏み倒した売り掛の負担金、借金三百万円などをあわせるとそれくらいになる。

撮影現場での飯島愛の評判は最悪だった。遅刻は平気、台本は読んでこない。芝居はしてくれない。「小芝居のとこなんて早送りされる、必要ない、さっさと済まそう」という、ある意味では妥当な彼女の主張を支えたのは、「どうせ、すぐやめる」「いまは稼ごう」という合理的、かつ投げやりな仕事観だった。

彼女をAV女優として売り出す側にも目算があった。胸と目元を整形させ、ムービーは撮りだめて、飯島愛を有名にしてから一気に放出する。

彼らはテレビの深夜番組に売り込んだ。テレビ東京「ギルガメッシュないと」という番組で飯島愛は「Tバックで読むニュース」というコーナーを担当した。最小限の布切れを使った下着、お尻の部分は一本の紐状で、背後から見るとTの字だからTバックである。

そのテレビ出演が決まった頃、最初の三ヵ月のAV出演契約が切れた。AV制作者は「もう三ヵ月やってくれれば、今度は二千万円」と誘い、彼女は「どうせ、すぐやめる」と自分に弁解しつつ承諾した。気がかりなのは、AVにしろ深夜テレビにしろ、実家にばれないかということだった。十四歳で家を出て以来、体形は変った。整形もした。それにウチは堅い人ばかり、そんな番組は見ない。だから大丈夫、と彼女は思いたかった。その生番組の放映は九二年一月からである。最初の放映時に二時間遅刻した。本番には間に合ったが、リハーサルはできなかった。画面では彼女が尋常にニュースを読んでいると見える。カメラが引くと半裸だとわかる。さらに後ろにまわるとTバックが見える。そんなつくりであった。根の頭がよい飯島愛だから、周囲の不興を買いながらも自分の役目はそつなく果たした。

「バブルの娘」の帰宅

初回からの遅刻は、やはり「どうせ、すぐやめる」と思っていたせいだが、九二年晩秋、生放送を「バックレ」た。出演者たちは、テレビ画面から「愛ちゃん、怒らないからおいで」と呼びかけたが、彼女は部屋を出なかった。「捜索」を警戒して、ピザの宅配もドア・チェーンを掛けたまま箱をタテにして受け取った。ピザは崩れた。

堕胎したのは九二年六月だった。九一年晩秋から同棲していたその相手は、九二年十一月、飯島愛が二十歳の誕生日を迎えた直後に彼女の貯金通帳を持って去った。「バックレ」た理由は彼女に深い傷を残したこの一件かも知れない。

九三年二月十四日、バレンタイン・デーに飯島愛は渋谷をロールスロイスのコンバーティブルで走るというプロモーションを行い、それをCNNが世界に報道した。同年五月、彼女は東大の五月祭に呼ばれた。二五〇〇人が「Tバックの女王」を見に集まった。ノーギャラだったが、多数のマスコミの取材に事務所はパブリシティ大成功と自賛した。十四歳から二十歳までに、普通の女性の三十年分くらいの経験を積んだ。

彼女はもうAVには出ていなかったが、テレビではAV女優上がりをあからさまにし、また整形手術も隠さなかった。芸能人として生きる決意を固めた彼女は、もはや遅刻せず、テレビ番組が自分にもとめているものを敏感に察して、すなわち痛々しいくらいに「空気を読んで」ふるまい、トリックスターの地位を脱した。

飯島愛が「Tバック」と訣別する直前の九四年八月、バブルの象徴であった「ジュリアナ東京」が閉店した。居場所のなかった十代の飯島愛を居候させてくれ、また賃貸マンションの名義人になり、入居費用を貸してくれた自称医者の青年が、貸した金を返せ、返せないなら寝ろ、といってきた。この人はゲイだったはずなのに、と思いながら要求に従った。その、まだ三十代前半だった自称医者が自宅で死んでいるのが発見されたと知ったのは九五年の秋だった。「あなたテレビに出てる?」という母親からの電話を受けたのも同時期、二十三歳の誕生日を迎えた頃だった。

事実を認めた愛は、肩の荷を下ろしたような気持だった。九七年、二十四歳になった彼女は何度か家に帰った。そうして両親と喧嘩腰ではなく話すことができた。十年におよぶ長い旅は終ったのである。

「プラトニック・セックス」

この九七年は彼女の転機となった。五年半籍を置いた芸能プロダクションを離れ、「渡辺プロダクション」に自分で電話して所属タレントになりたいと伝えたのである。

面接したのは副社長の渡辺ミキだった。渡辺晋・美佐夫妻の長女で当時三十七歳のミキに、飯島愛は過去の生々しい性的遍歴のほか、流出した「裏ビデオ」をネタに脅迫してくる者たちにやむを得ず金を払ったことを告白した。すると渡辺ミキは、「あなた、そういう体験を本に書きなさい、苦しくても書きなさい」といった。書いてしまえばもう脅迫されることもないし、あたらしい飯島愛の出発になる。そういって渡辺ミキはためらう飯島愛を説得した。

記憶と日記をもとに書いた自伝『プラトニック・セックス』は、二〇〇〇年十月三十一日、飯島愛二十八歳の誕生日に発売された。この本はよく売れ、二〇〇九年までに百七十万部に達した。台湾で『柏拉圖式性愛《プラトウ》』の題名で翻訳されると、飯島愛の当地での人気は異常なまでに高まった。

プロモーションで台湾を訪れた彼女の記者会見には、トム・クルーズのときとおなじ四百人の記者が集まった。前年に華人作家として初めてノーベル文学賞を受賞した高行健がちょうど同時期、亡命先のパリから訪台して講演会を開いたが、飯島愛に圧倒されたか聴衆はまばらだった。

「願いが叶うと、すべてが終わる」

『プラトニック・セックス』の印税で彼女は渋谷の高層マンション最上階の部屋を買った。間接照明だけ、三メートル先は何も見えない暗い部屋に彼女はひとりで住み、コンビニ弁当を常食とした。ある時期はバナナしか口にしなかったので、極端に痩せた。一九九九年十一月頃、親密であった妻子ある芸能人と別れたあと、孤独癖がさらにつのったようだった。

健康問題は十代からかかえていた。腎盂炎と腎臓結石である。そのため定期的に発熱した。テレビのトーク番組の本番中に、早く帰りたいと口にすると、周囲は「愛ちゃんのいつものワガママ」と受け取って笑ったが、実は三十代になって急速に悪化した体調のせいだった。

そんな中、彼女は二〇〇三年末から「反エイズ・キャンペーン」に積極的に参加した。自身もたびたびエイズ検査を受け、陰性という結果を得ていた。彼女は性病予防の装具を開発・販売する会社を起業したいと考えていた。

二〇〇七年三月、飯島愛は芸能界引退を表明した。しかし、会社を共同経営するはずの人物に金を持ち逃げされたり、受難はつづいた。二〇〇八年には、抗うつ剤の使用を告白した。かなり深刻なうつだったという。

二〇〇八年十二月五日、ブログを最後に更新、翌六日、宇都宮でのエイズ予防啓発イベントに参加した。二十四日、しばらく音信がないのを不可解に思った元付き人がマンションを訪ねた。反応がないので管理人とともに入室すると、飯島愛は椅子から転げ落ちたような格好で床に倒れていた。数日前に亡くなった気配だった。

十二月十七日頃の死亡と推定されたが、暖房が機能していたにもかかわらず腐敗臭は希薄だった。しばらく時間をおいて、死因は「肺炎」と発表された。

『プラトニック・セックス』のエピグラフは「願いが叶うと、すべてが終わる。」やや不吉な一文であった。「バブルの娘」は、バブル以後の十八年を、あまり幸せとはいえないオトナとして生き、三十六歳で死んだ。

安田 南

「プカプカ」の彼女

〈ジャズ・シンガー〉

■やすだ・みなみ
■2008年頃没(64歳〜65歳?)
■死因不明

カラオケは滅多にしない。人の迷惑だ。だが、うまい人の歌を聞くのは快感だ。とくに昔の歌を。友人の作家・姜信子《きょうのぶこ》はうまい。うまいのに押しつけがましくない。そのうえ、どんな歌でも知っている。一夜、岩谷時子作詞作品だけを歌うなどという芸もある。その姜さんの歌う「プカプカ」は、さわやかな衝撃だった。

「おれのあン娘《こ》はタバコが好きで／いつもプカプカプカ／体に悪いからやめなって言っても／いつもプカプカプカ」

一九七〇年代初めにフォーク・シンガーの西岡恭蔵がつくり、自身で歌った。七〇年代とは、どうしようもなくがさつな時代だったと記憶するが、こういう歌がつくられたのなら悪くない部分もあったのだろう。

「おれ」の禁煙アドバイスに「あン娘」がこたえる。

「遠い空から降ってくるって言う／〝幸せ〟ってやつがアタイにわかるまで／アタイ　タバコやめないわ」。そういって、また「プカプカプカ」。

彼女は男も好きで、「いつもウフフウフウフ」、「おいらのことなんかほったらかして／いつもウフウフウフ」。

「アンタがアタイの寝た男たちと／夜が明けるまでお酒のめるまで／アタイ男やめないわ」。そういって、また「ウフウフウフ」。

ほかに「スウィング」が好きで、「トランプ占い」が好きな「あン娘」のモデルが、ジャズ・ボーカリストの安田南だと聞いてびっくりした。

彗星のようなシンガー

一九六〇年代から七〇年代にかけて、ライブで安田南の歌を聞いた人はみな、空間を切り裂くようなその歌い方に驚き、魅了された。それは「洒落た都会的なジャズ」ではなかった。彼女の「生き方」そのもののように挑戦的で美しいジャズだった。

安田南は札幌で生まれ、東京都目黒区で育った。中学校の同級生に、後年「演劇センター68」(現

「劇団黒テント」)を起こす佐藤信《まこと》がいた。高校生時分から天才的歌手といわれ、勝ち抜きのジャズ・ボーカル・コンテストで優勝して世界一周旅行に出かけた。

六四年、俳優座養成所に第十六期生として入所、古谷一行、峰岸徹、大出俊らが同期だったが中退した。七四年から七七年までに彼女は四枚のアルバムを出した。その人気、知名度のわりに少ない。七二年には若松孝二監督『天使の恍惚』に出演して、撮影途中で降板した。七三年には藤田敏《とし》八《や》監督、原田芳雄、桃井かおり主演の映画『赤い鳥逃げた?』の主題歌を歌った。

七五年初めだったと思う。私は六本木の「ハンバーガー・イン」で彼女にインタビューして短い雑誌記事を書いた。ショートヘア、三十一歳の彼女に天才気取りは感じられなかった。たくさんタバコを吸うのが印象的だった。インタビューのあと、道路を隔てたところにあるジャズのライブ・バーで歌う彼女の写真を撮った。そのときのモノクロ写真が気に入った、欲しいとハガキでいってきたので焼き増しして送った。

ラジオ番組を突然去る

一九七四年から彼女は、FM東京のおしゃべりと音楽の深夜番組「気まぐれ飛行船」に作家の片岡義男とともに出演していた。音楽だけでなく、ときに古いオートバイ、たとえばカワサキ250メグロSGのエンジン音を流したりする番組だった。

片岡義男の話しぶりは「脱力系」で、全然騒々しくなかった。知識自慢もしなかった。彼の機知ある相手役だった安田南は、午前三時のエンディングには、「眠れ眠れ、悪い子たち」とささやいた。七八年のある夜、彼女は番組で泣いた。愛猫が死んだということだった。号泣といってもよいありさまだったが、片岡義男は慰めたりせず、淡々と受けとめた。

そのあとしばらくして彼女は番組を降りた。というより、連絡がつかなくなったのだという。何があったのかわからない。

片岡義男は、「きっとまた、ぶらっと戻ってきてくれると思います」と番組中でいったが、それは実現しなかった。ジャズ・シーンからも姿を消した彼女は、やがて「伝説のジャズ・シンガー」に分類された。

しばらく空席のままだった番組の女性パーソナリティは、「謎の美人」といわれた書き手の温水《ぬくみず》ゆかりにかわった。八〇年代のある夜のある話題のとき、片岡義男が温水ゆかりに、ぽつりと「南もどこかで聞いていてくれるかなあ」とつぶやいた。

「アンタとアタイの死ぬときわかるまで」

大阪のバンド「ザ・ディランII」が一九七一年に出したシングル盤B面に「プカプカ」が入っていた。当初の歌唱は大塚まさじだったが、その年のうちに、この曲をつくった西岡恭蔵がザ・ディランIIを抜け、自分で歌った。そのとき歌のサブタイトルに「みなみの不演不唱《ぶるうす》」としるされていたことから、モデルは「演劇センター68／70」の大阪公演で西岡恭蔵と共演した安田南ではないかといわれたのである。

「プカプカ」のラスト・コーラスでは、「あン娘」はいつも「スタスタスタ」とトランプ・カードを切っている。

そんな「あン娘」に「おいら」はトランプ占いはやめろという。しかし「あン娘」は占いをやめようとしない。

「アタイの占いがぴたりとあたるまで／アンタとアタイの死ぬときわかるまで／アタイ　トランプやめないわ」。そういいながら、「スタスタスタ」とカードを切りつづけるのである。

この歌は多くの歌手にカバーされた。桃井かおりが歌い、原田芳雄が歌った。とくに原田芳雄は「プカプカ」を愛して自分の代表曲とし、二〇一一年、七十一歳で亡くなるまで歌いつづけた。

西岡恭蔵は一九九九年四月三日に亡くなった。五十歳だった。大阪の音楽喫茶「ディラン」で知りあって以来連れ添った妻、作詞家のＫＵＲＯ(西岡安希子)は九七年に乳がんで亡くなっていた。彼はその三回忌前日に自殺したのである。

安田南の晩年はまったく明らかではない。ただ二〇〇八年以前に亡くなったという噂を聞くばかりである。

「気まぐれ飛行船」は一九八八年に終った。安田南より四歳上、ハワイ移民の孫で日本育ち、英語でものを考える癖のある片岡義男は、「気まぐれ飛行船」の放送開始とほぼ同時にコラムニストから小説家に転向、現代日本語の書き言葉を相対化する重要な作家となった。

＊日本音楽著作権協会(出)許諾第一二〇九二六二－一〇一

2009年に死んだ人々

遠藤幸雄
忌野清志郎
藤沢秀行
盧　武鉉
三沢光晴
大原麗子
山城新伍

遠藤幸雄

昔の空は青かった

〈体操選手、日本オリンピック委員会理事〉

■えんどう・ゆきお
■ 2009年3月25日没(72歳)
■食道がん

二〇一二年三月、自らプラハに招いた三陸大津波被災地の中学生二十六名を前に、ベラ・チャスラフスカは「あなたたちの先輩でもある日本の体操選手ユキオ・エンドーを覚えていますか」と語りかけた。「素晴らしい体操をする選手でした。美しい体操をする選手でした。ユキオ・エンドーを忘れないで下さい」(長田渚左「東京五輪の真のレガシー」、「世界」二〇一六年二月号)

かつてチェコスロバキアのオリンピック代表体操選手だったベラ・チャスラフスカはこのとき六十九歳、日本の中学生たちが彼女の現役時代を知らないのは無理もない。だが、世界一の体操選手であった「ユキオ・エンドー」の名前にも反応しなかった彼らに、彼女は「ユキオ・エンドー」と日本の男子体操チームのすばらしさについて語って飽かなかった。

日本体操チームに学んだ「オリンピックの花」

一九六〇年のローマ五輪で、十八歳のチャスラフスカは女子体操団体総合の銀メダルを得たのだが、それまでにも国際大会で日本の男子体操チームと何度か会っていた。日本チームは「屈託なく楽しげな、どんなときでも平常心を失わず、盤石な演技をみせる完成されたチーム」であった。

そのなかに、彼女より五歳年長の遠藤幸雄がいた。チャスラフスカは、やがて日本男子の練習に入れてもらい、新しい技を学んだ。跳馬の「ヤマシタ」——馬に両手をついて倒立したあと空中で体を九〇度に折り曲げ、伸身姿勢で着地する技もそのひとつで、遠藤幸雄がドイツ語で説明しながら教えてくれたのである。

彼女が二十二歳で臨んだ六四年の東京五輪の体操競技では、チェコスロバキア女子チームはローマ大会につづいて団体総合銀メダルを得た。優勝したのは両大会ともソ連チームであった。しかしチャスラフスカは個人総合で優勝、さらに女子で初めて「ヤマシタ」を成功させた種目別の跳馬、台上三六〇度回転を試みた平均台でも優勝した。

金メダルを確実視された段違い平行棒では演技途中に落下したが、再開試技では、失敗した「ウルトラC」に再挑戦して成功、会場の大歓声につつまれた。マスコミは彼女を「オリンピックの花」とたたえ、その華麗な身のこなしと美貌は日本人の記憶に深く刻まれた。

一方、ローマ五輪の団体総合で初めてソ連チームを破って金メダルを得た日本男子チームは、東京でも遠藤幸雄の活躍で優勝した。個人総合でも遠藤幸雄は劇的な展開の末に金メダルを得た。というのは、遠藤も最後の種目あん馬で、チャスラスフカとおなじく緊張のあまり試技途中で二度脚を引っ掛け、馬上に座ってしまったのである。その時点までに遠藤は、二位のソ連のエース、ボリス・シャハリンに〇・九五の大差をつけていたのだが、まさかの失敗であった。

遠藤のあん馬の点数は、最初九・三〇と表示された。しかし、高すぎるとソ連チームが強硬に抗議した。表示された点数が撤回されたとき遠藤は、どうか九点台をください、と母に祈った。九・〇〇ならシャハリンが一〇点満点を出しても届かない。長い協議の末、再度掲示された点数は九・一〇であった。

養護施設から世界最強のリーダーに

遠藤幸雄は一九三七(昭和十二)年秋田市に生まれ、小学校四年のとき母チヨを結核で亡くした。東京五輪の会場で遠藤が祈ったのは、その母である。中学一年の冬、事業に失敗した父が失踪、遠藤は養護施設に入れられた。それは、文政年間というから一八二〇年代に秋田城下の豪商が構想し、秋田藩主佐竹氏が命名した困窮者救済のための「秋田感恩講《かんおんこう》」、日本最初のNPO施設であった。

手先が器用だから中学を出たら大工になろうと思っていた遠藤幸雄だが、中学二年のとき担任の教師に勧められて鉄棒を始めた。最初は逆上がりもできなかったのに見る見る上達、秋田市内の大会で二位になった。

中学体操部の一年先輩に大泉清子がいた。五八年、同郷で東京教育大(現筑波大)でも四学年上の体操選手、小野喬《たかし》と結婚、小野清子として東京五輪女子団体で銅メダルを得、のちに参議院議員となった人である。「鬼に金棒、小野に鉄棒」といわれ、メルボルン五輪(五六年)、ローマ五輪と連続して種目別鉄棒で優勝した小野喬は、跳馬で銅メダルを得たヘルシンキ五輪(五二年)以来東京まで、四回の五輪出場で、金五個を含む十三個のメダルを獲得している。

養護施設在籍のまま秋田工高に進んだ遠藤幸雄は、小野の演技に感動し、三年生のとき高校総体個人総合で二位となった。五五年には東京教育大に進学、五七年、五八年とインカレの鉄棒で優勝して小野の牙城に迫った。男子団体で優勝したローマ五輪は、東教大を卒業して日大助手となって二年目、遠藤は個人総合五位であった。

東京五輪での遠藤は団体一位の原動力となり、小野が五六年のメルボルン五輪とローマ五輪、二大会連続でソ連選手にわずか〇・〇五差でおよばなかった個人総合の金メダルを得た。ほかに平行棒でも金、ゆか運動で銀を獲得した。日本チームは、跳馬で「ヤマシタ」の山下治広とつり輪で早田卓次が金、個人総合とあん馬、平行棒で鶴見修治が銀メダルを得た。まさに世界最強チームで、遠藤幸雄はそのリーダーであった。

一九六四年、東京の秋

映画『東京オリンピック』(市川崑監督)の冒頭は、「オリンピックは人類の持っている夢のあらわれである」という字幕と燃える太陽の特殊撮影像で開巻一分半まで無音、そのあと東京市街のビルの破壊シーンが入り、第一回から第十八回(東京)までの開催年と開催都市をナレーターが読み上げる。

メインタイトルは開巻三分二十秒後、ギリシャでの聖火点火と聖火リレーがつづく。イスタンブール、中東、インド、東南アジア、香港を経て沖縄へ向かう聖火は、海外取材班が四十日かけて撮影してきた。その後聖火は広島を通過して東京へ向かうのだが、富士山を背景に走る聖火ランナーの絵は実写ではなくスタンドインであった。

もともとスポーツにもオリンピックにも興味のなかった当時四十九歳の市川崑は、映像表現の冒険を試みたいと考え、記録映画であるにもかかわらず「脚本」を準備して、市川崑自身と和田夏十《なっと》(シナリオライター、市川崑夫人、四十三歳)、白坂依志夫《よしお》(シナリオライター、三十一歳)、谷川俊太郎(詩人、三十二歳)が名を連ねた。式典と競技全二十種目をカバーするメインスタッフだけで二百名超、授業代替の単位制で現場を手伝う日大芸術学部映画学科学生九十名など、全体で七百名にもおよぶスタッフに、映画の狙いと全体像を知らしめるためには「脚本」が必要だった。

六四年十月十日午後二時、国立競技場。開会式では各国選手団の行進の映像に、緊張した警備員の表情、東京五輪で初めて採用されたトイレのピクトリアル・マークにとまどう母子の姿などを拾う。最後の聖火ランナー坂井義則(早大競技部一年、四五年八月六日、広島県三次《みよし》市生まれ)が美しいフォームでトラックを半周、聖火台につづく一六七段を駆け上り、抜けるような青空にトーチを高く掲げる。同時に無数の鳩が放たれたが、フィールドに下りてしまった鳩を空に追いやろうとする外国人選手を映す。

陸上男子一〇〇メートルではアメリカのヘイズが一〇秒〇〇(電気計時)の世界記録で優勝するが、カメラはレースそのものより、スタート直前の選手たちの神経質な姿、不安げな表情に執着する。男子一万メートル決勝では二周遅れのセイロン(スリランカ)選手をゴールインまで追い、女子八〇〇メートルでは英国選手が優勝の瞬間、婚約者のもとへ駆け寄る姿に、ふたりの会話を重ねる。ベラ・チャスラフスカの美しい体操演技、遠藤幸雄の完璧な演技を「解説」なしに見せる。それが市川崑の方法であった。

水泳はアメリカのドン・ショランダーが無敵だった時代である。柔道無差別級で神永昭夫がアントン・ヘーシンクに敗れる瞬間を見せ、試技が長時間にわたる射撃では競技途中の選手の食事を撮り、郊外を走る自転車競技を農家の縁側で見物する子どもともに映す。

女子バレーボール、ソ連対日本の決勝を三十台のカメラと望遠レンズで追うが、ナレーションはない。アタックの衝撃音、シューズ底とコートの摩擦音など試合騒音のみを徹底して拾い、リザーブの日本選手が汗で濡れたコートをモップで拭く姿に注目する。

閉会式の「秩序ある混乱」

開巻二時間十七分からマラソン。国立競技場を出た選手たちは、新宿駅南口から甲州街道調布飛行場脇まで西へ向かう。

給水地点のカメラは、腰に手を当てコップ三杯を飲み干すランナー、当時普及しはじめたポリバケツから柄杓《ひしゃく》で水をすくうランナー、給水停滞を体で押しのけて走り去るランナーの「人間模様」をとらえる。日本の円谷幸吉《つぶらやこうきち》選手の「スペシャル」はマヨネーズの使用済みソフト容器だ。

二〇キロ過ぎ、ローマ五輪ではシューズに不具合があったため裸足でアッピア街道を走って勝ったアベベ・ビキラが、先頭集団を抜け出す。ここから音楽が入るがナレーションはない。アベベのフォーム、そのシューズ、その「哲学的」表情。

当時の世界記録、二時間十二分十一秒でゴールインした三十二歳のアベベは、フィールドで黙々とクールダウンの運動を行う。円谷は二位で競技場に帰ってくるが、トラックで英国のヒートリーに抜かれる。体力を使いつくした円谷は、倒れ込むように三位でゴールインする。疲れきった選手に別の疲れきった選手が毛布を渡す光景。倒れ込んだ選手の血だらけの足裏。

閉会式では、選手たちの入場行進が突如入り乱れる。「秩序ある混乱」の中をユニフォーム姿で走る黒人選手。日本選手団の旗手を肩車する白人選手。自衛隊音楽隊の指揮を真似する黒人選手。彼らとスタジアムの七万五千人が一体となった光景。そこにテレビ実況中継の声がかぶる。

「オリンピック始まって以来、この東京大会のような閉会式がかつてあったでありましょうか」「すばらしい。ただすばらしいとしか言いようのない。世界の平和とは、人類の平和とは、こんなものであろうと胸が熱くなるような瞬間であります」

スタジアムの観衆、テレビ中継の視聴者、また映画『東京オリンピック』を見たものすべてが、この言葉を過剰とは思わなかった。

開会式には英領北ローデシアとして行進した国が、この日ザンビアとして独立、あらたな国旗を持って歩いたとき、民族主義は好ましいものと強く印象された。その後、それが差別と紛争と殺戮《さつりく》の根源になろうとは誰も思いもしなかった。

少しずつ細る聖火台の火に、サブタイトル「夜　聖火は太陽へ帰った」が重なり、次回一九六八年五輪開催地「ＭＥＸＩＣＯ」の文字がメインスタンドの電光板に浮かぶ。

あっけなく解決した「論争」

映画『東京オリンピック』の総製作費は四億円、当時の一般劇映画の十本分だが、そのうち高速度撮影用カメラ、望遠レンズ、録音機材など外国製品の購入費、照明増設費に一億三千万円が投じられた。撮影所映画では世界一流であった日本だが、劇映画には高速度撮影カメラや二〇〇〇ミリ望遠レンズなどは必要としなかったのである。

合計四十万フィート、七十時間分の撮影済みフィルムを、一万六千フィート、千三百七十二カット、二時間半に編集した「ゼロ号試写」は六五年三月初旬に行われたが、不満の声が上がった。映画『東京オリンピック』をめぐる「記録か芸術か」論争は、河野一郎建設兼オリンピック担当大臣の感想がきっかけであった。河野一郎は、「芸術」はよくわからない、「記録」に徹するべき、といったのだが、その実「日本選手の活躍場面が少ない」ことが不満であった。この発言の意図を「忖度」した組織委員会事務局は、市川版『東京オリンピック』を正式の記録映画とは認めない、あらたに新編集版をつくると拙速に発表した。著作権を理解しないふるまいであった。

週刊誌で河野大臣とオリンピック映画を主題に対談した高峰秀子が、河野大臣と会ってみてはどうか、と市川崑に電話したのは六五年三月二十六日だった。妙なこじれかたをした一件に自分には何の責任もないと思っていた市川崑だが、ひと晩熟考した翌三月二十七日、河野大臣に面会を申し入れた。土曜日であったが夜分になって平塚の河野邸で会うことができた。市川崑は「結果はよかった」とのみ語っているが、「芸術が不得手」の実力者大臣の感想が発端となり、組織委員会の軽率さが広げかけた「論争」は、当事者ふたりの面談であっけなく解決した。

当時の首相佐藤栄作が、政敵として最も警戒した河野一郎には、もともとオリンピックに因縁があった。

一九三八(昭和十三)年春、嘉納治五郎はカイロで開催されたオリンピック委員会で熱弁をふるい、国際連盟脱退、日中事変当事国として不利であった四〇年の五輪を東京に誘致することに成功した。その頃、政友会の若手代議士河野一郎は国会で、「かくのごとき時局にオリンピックとは何事ぞ。中止とすべき」と近衛文麿首相に迫っていたのである。カイロからアメリカ経由で帰国の途についた嘉納治五郎はシアトルで氷川丸に乗船したが、疲労のためか病を発し、横浜接岸二日前の三八年五月四日、船上で没した。七十七歳であった。近衛文麿が東京オリンピックを返上したのは、その二ヵ月あまりのちの七月十五日であった。

河野一郎は、市川崑と会って三ヵ月半後の六五年七月八日、腹部大動脈瘤破裂で亡くなった。六十七歳であった。

市川崑は「映画『東京オリンピック』事件簿」(「シナリオ」六五年六月号、七月号)に書いている。

「戦争の経験とオリンピックの経験は比べるのが無理なほど重さの点では違ってはいるが、それにしてもオリンピックが終戦以来の大事業であったことには間違いない。明るい大事業であったのだ。それを私たちはやり遂げた」

「日本を考え、日本人を考えるとき、いままでは終戦までさかのぼらなければならなかった。こんごもそれはそうであろうけれども、途中に明るい階段が一つあるということの意味は大きい。その明るい階段をいま一度フィルムでなぞることによって、その記録をさらに鮮明にしておくことが出来るならば、私の仕事もすばらしいことになるわけだ」

逝く者は斯くの如きか

第一次東京オリンピックから、橋の下を多くの水が流れた。

ギリシャでの採火以来十万七百十三人目、最後の聖火ランナーとして国立競技場の青空にトーチを高く掲げた坂井義則は、六六年、バンコク・アジア大会の四〇〇×四リレーで金メダル、陸上四〇〇メートルで銀メダルを得た。早大卒後の六八年、フジテレビに入社、七二年、ミュンヘン五輪を取材して「黒い九月」のテロ事件に遭遇、日本選手のユニフォームを借りて選手村に潜入した。二〇〇五年、定年退職。東京大会を「アマチュアリズムの生きていた理想の五輪」と回想した彼は、二〇一四年、脳出血で亡くなった。六十九歳であった。

『東京オリンピック』はカンヌ国際映画祭、英国アカデミー賞で受賞し、学校動員、公民館上映などで史上最多の観客を集めた。この作品はオリンピック記録映画として三六年ベルリン五輪の『民族の祭典』(レニ・リーフェンシュタール監督)をしのいで、半世紀を超えても色褪せない。

市川崑は、八三年、公私をともにした和田夏十を乳がんで失ったが、その後も第一線の監督でありつづけ、二〇〇六年、九十一歳のとき、一九七六年の自らの作品『犬神家の一族』を同脚本、同主演者でリメイクした。晩年近くまで、歯のない隙間にタバコをはさんで一日に百本も吸うヘビースモーカーだったのに九十二歳まで生きて、二〇〇八年二月十三日、肺炎で亡くなった。

昔の空は青かった

ベラ・チャスラフスカは一九六八年、チェコスロバキア民主化運動の「プラハの春」で「二千語宣言」に署名し、その年八月のソ連の軍事介入以後、当局の要注意人物となった。そのためメキシコ五輪への出場さえ危ぶまれたが、ぎりぎりで出国を許された。メキシコ五輪での彼女は、個人総合、跳馬、段違い平行棒、ゆか運動で金メダル、団体総合と平均台で銀メダルを得た。ゆか運動では「政治的配慮」の結果、ソ連選手とのダブル優勝となり、平均台では微妙な判定でソ連選手に金メダルを譲った。

一方、メキシコ五輪での遠藤幸雄はすでにピークを過ぎたか、団体総合の金と跳馬の銀にとどまった。しかし日本の男子体操チームは団体総合で三連覇を果たしたほか、加藤澤男が個人総合とゆか運動、中山彰規《あきのり》がつり輪、鉄棒、平行棒で優勝した。

その後、日本体操協会の専務理事、副会長、日本オリンピック委員会の理事となり、九八年には国際体操殿堂入りした遠藤幸雄は、二〇〇九年三月二十五日に亡くなった。食道がん、七十二歳であった。彼はその最晩年まで、中学一年の冬から高校卒業までを過ごした秋田市の養護施設への寄付を欠かさなかった。

チャスラフスカは六八年、東京五輪の陸上一五〇〇メートル銀メダル選手と結婚したが、「二千語宣言」への署名を撤回しなかったため、その後三十年あまり困難な立場に立たされつづけた。しかし八九年、いわゆる「ビロード革命」で共産党支配が崩壊して復権、ハベル大統領の顧問、チェコ・オリンピック委員会代表をつとめた。九三年にはチェコとスロバキアは分離した。八〇年代に離婚した夫が、次男とのトラブルで死亡する事件があり、ベラ・チャスラフスカは九〇年代後半までうつ病に苦しんだ。東京五輪の青い空と、遠藤幸雄ら日本男子体操チームのさわやかな記憶とともに晩年を生きた彼女が膵臓がんで亡くなったのは、二〇一六年八月三十日、七十四歳であった。

忌野清志郎

〈ロック・ミュージシャン〉

性的なのに清潔

■いまわの・きよしろう
■ 2009年5月2日没(58歳)
■喉頭がん原発のがん性リンパ管症

ロック・ミュージシャン忌野清志郎は一九五一年四月二日、東京・中野で生まれた。学齢では昭和二十六年組の最年長である。その後多摩・小平《こだいら》に移り、小学校入学前に国立《くにたち》に越した。絵と音楽の好きな子だった。

地元中学二年生のとき、「ベンチャーズを見て、かっこいいなーって」、初めてギターを手にした。三年生の秋、勤労感謝の日に中学校の仲間とバンド「The Clover」を結成したが、卒業とともに解散した。都立日野高校に進んで、二年生の、やはり勤労感謝の日に結成したバンド名は「The Remainders of the Clover Succession」、略して「RCサクセション」であった。芸名「忌野清志郎(本名・栗原清志)」とおなじく、センスのよい命名であった。

中学生時代に仲間を呼んでバンドの練習をしたのは、一九五〇年代に建てられた国立の実家である。父親の定年退職を機に、平屋建て三部屋の家に二階三部屋を増築した。賃貸用のつもりだったそのひと部屋に、清志郎はデビュー後も二十五歳まで出たり入ったりして過ごしたという。敷地六十坪ほどの平凡な家で、当時は周りに似たような家が十軒くらい建っていたが、九九年まで残っていたのはこの家だけだった。すでに両親は亡くなっていたその九九年、実家の写真を忌野清志郎はアルバム『冬の十字架』のジャケットにつかった。

〈「ここから俺のロックが生まれたんだ」と訴えたかったから。「高度成長期をくぐりぬけてきた、ちょっと古めの日本国民なんだぞ」みたいな〉(「家の履歴書」週刊文春、九九年十月二十一日号)

「ぼくの好きな先生」

日野高校時代の忌野清志郎はバンド活動に熱中した。六九年、三年生の夏休みにトリオのRCサクセションとして東芝音工のオーディションに合格、プロになるつもりでいる息子を心配した母親が、清志郎が気を許していた高校の美術教師に相談した。母親としては、魅力的な絵をかく息子が美大に進み、将来は美術教師となることを望んでいた。相談された教師は、美大もいいが、大学に行かせたつもりで何年か好きなことをやらせてみるのも悪くはないでしょう、といった。

高校卒業直前の七〇年三月、「宝くじは買わない」でデビューした。経済を主題とした先端的なロックソングとして記憶に値する曲だが、まったく売れなかった。

七二年、高校の美術教師の思い出を歌った「ぼくの好きな先生」が大ヒット、RCサクセションの前座を井上陽水がつとめるほど売れた。だが月給は変わらず三万円だった。この曲は清志郎が長髪のまま歌った一種のフォークソングで、フォークブームが終ると人気は急下降、立場は逆転してRCが井上陽水の前座になった。

七三年、井上陽水のアルバム『氷の世界』に、清志郎が陽水と共作した「帰れない二人」「待ちぼうけ」の二曲が収録された。このアルバムは日本初のミリオンセラーとなり、清志郎も五百万円ほどの印税を受け取ったが、すべて楽器や古着の着物の購入にあてた。長い雌伏《しふく》の時代のあと、七六年にアルバム『シングル・マン』を発表した。だが、あたらしすぎたのかこれも売れず、バンドメンバーとも不協和音が生じて活動停止寸前となった。

性的なのに清潔

転機は七八年であった。当時「古井戸」というフォークグループにいたギタリストの仲井戸麗市(通称チャボ)と組み、さらに「カルメン・マキ&OZ」にいたメンバーを加えてあらたなRCサクセションを結成した。忌野清志郎は長髪を切り、毛を逆立てた「ツンツン頭」にした。奇抜で派手なユニセックス的メイクアップとコスチュームをまとった。さらに原宿で安く売られていたおもちャをアクセントに、腕には「研修生」と書いた腕章を巻いた。

ライブハウス中心、表舞台では忘れられていた感のあるRCサクセションだが、一九八〇年一月、「雨あがりの夜空に」を発売、性的なのに清潔感がある日本語を8ビートに乗せ、極端に個性的なパフォーマンスで歌ったこの曲はあたった。高く美しい声で、絶叫しても歌詞がはっきり聞こえるのは清志郎の得がたい特徴だった。

翌八一年のRCサクセションは、クリスマスの日本武道館さえ瞬時に完売となる勢いだった。清志郎が武道館の満員の観客に、「こんなに狭いライブハウスは初めてだぜ！」とうそぶくと観客はまた歓呼の声を上げた。しかしそれでも、月給は九万円にすぎなかった。

当時の人気テレビ歌番組「夜のヒットスタジオ」にロックバンドとして初めて出演したのも八一年であった。清志郎は、ナマ本番中にわざとダンサーに抱きついて顰蹙《ひんしゅく》を買った。翌年同番組に出演したときは、テレビカメラのレンズに噛んでいたガムを貼り付けた。批判が殺到したが、父親は「プロレスみたいでカッコよかった」と寛大だった。母親は「しゃべりが下手だ」と注文をつけたものの、なんとか食べて行くことができそうな息子に、初めて安心したようすを見せた。

八二年、坂本龍一と組んだシングル「い・け・な・いルージュマジック」がヒット、清志郎と坂本龍一のキス・シーンの広告写真が話題をさらった。ライブのステージでは、オーティス・レディングのショーからヒントを得た観客への呼びかけ、「愛しあってるかい？」が浸透し、原宿は清志郎ファッションの少年少女であふれかえった。デビュー以来軋轢《あつれき》が絶えなかった所属事務所との契約を終えた八五年、個人事務所を設立した。

「デイ・ドリーム・ビリーバー」の真実

八八年に父親が亡くなったあと、母方の親戚から清志郎に、実母の形見の品々が入った箱が届けられた。両親が養い親であることは小学生の頃から健康保険証の記載でそれとなく気づいていたが、六年間の闘病ののちに父親よりも早くに死んだ養母が実母の妹だったと知ったのは高校生のとき、父の定年退職後のことだった。

実母の初婚相手はレイテ島で戦死していた。戦後、再婚して清志郎を生んだが、清志郎が三歳のとき亡くなった。そのあと、妹とその連れ合いが養父母となって清志郎を育てたのである。

形見の箱には、かわいらしい顔立ちの実母の写真と日記、それに初婚の相手が戦地から出した手紙などが入っていた。「帰らざる人とは知れどわがこころ　なほ待ち侘びぬ夢のまにまに」と実母が詠んだ短歌もあった。戦争と国を恨む日記の記述は、清志郎に強い印象を残した。

翌八九年発表の「デイ・ドリーム・ビリーバー」の「彼女」、誰もが失恋のことだと思っていた歌詞、「もう今は彼女はどこにもいない」は実母を歌ったものだった。フォーク時代には反戦歌に興味をしめさなかった清志郎が、反戦・反原発に過敏になったのはこれ以後である。

八八年、全曲洋楽カバーのアルバム『COVERS』を発表した。これは外国曲のスタンダードナンバーに、まったく違う意味の日本語歌詞をのせる試みだった。しかし清志郎以外のメンバーは乗らなかった。たまたま現場を訪れてバンドの不穏な空気に驚いた泉谷しげるが清志郎に、ファンは君にあたらしいものなんかもとめていない、いままで通りでいいんじゃないかというと、清志郎はめずらしく強く反発した。

RCサクセション再編成の契機となったこの『COVERS』中の一曲、「放射能はいらねえ、牛乳を飲みてえ」と歌ったシングル「ラヴ・ミー・テンダー」が発売中止になったのは、電力会社への配慮の結果と思われるが、東芝EMIは「上記の作品は素晴しすぎて発売出来ません」と告知した。

「ながぁーい思春期が終わった」

この八八年、長いつきあいだった女性と正式に結婚した。彼女の妊娠を知らされたからである。清志郎は三十七歳であった。

「子どもができたら、ロックなんかできない」と思い詰めた彼は、これが最後と、一ヵ月間毎日スタジオに通って四十曲もつくった。過激な曲ばかりになった。

〈ところが、子どもが生まれてからも、曲はバンバンできた。意外でしたね。むしろ子どもができたことで、「別に、かっこいい反骨のロックを歌わなくてもいい。何を歌ってもいいんだ」って開き直った。それが結果的に「パパの歌」みたいな曲にもつながったんです〉

〈実は僕は大人になっても、すごくシャイだったんですよ。人づきあいも苦手で。近所の人なんかとは価値観が違うと思い込んでいたから、心底嫌っていましたね。今で言う〝引きこもり〟みたいなものかって？　うーん、まあそんな感じ〉

〈ところが長男が生まれた途端、世界観が変わった。もううれしくて、うれしくて、取り上げてくれた病院の先生や看護婦さんと自然と話ができたんです。近所の人とも、きちんと〝ご挨拶〟できるようになったし、親戚づきあいも平気になって、今じゃ集まりの中心人物（笑）。いやぁ不思議ですね。親になったことで、ながぁーい思春期が終わったような〉（「婦人公論」二〇〇〇年十月七日号）

九九年のアルバム『冬の十字架』のジャケットに国立の生家での写真を使ったのには、養父母への感謝のほかに、騒音で迷惑をかけた近所への罪滅ぼしの意図があった。

清志郎がシャウトしたパンクロック版「君が代」の入ったその『冬の十字架』は、右翼の過剰反応を恐れたポリドールが発売を見合せたので、清志郎が自ら設立したインディーズ・レーベルで発売した。すると国内外の取材が殺到した。翌二〇〇〇年のアルバム、選挙を主題とした「目覚まし時計は歌う」の入った『夏の十字架』はもともとインディーズ・レーベルだったが、ライブハウスの内幕を暴露した曲が問題視され、これも発売中止となった。

「完全復活」のはずだった

五十歳から自転車に乗りはじめ、どこへ行くにも自転車を使って健康そうに見えた忌野清志郎だったが、必ずしもそうではなかった。

一九七〇年代にかかったB型肝炎が八〇年代に再発した。ライブのステージでの疲労が普通ではなかったので病院に行くと、「現代医学では治らない」といわれ、「目の前が真っ暗」になった。藁をもつかむ思いで漢方医を訪ねると、顔を見ただけで「君はがんだ」といわれた。ひどいショックを受けた清志郎に、「私の言うとおりにしていれば大丈夫だから」と漢方薬を処方してくれた。それを飲んでお灸をしているうち、やがて快方に向かった。実際に肝臓がんだったかどうかはわからないが、一時症状は深刻だった。

二〇〇六年は清志郎五十五歳の年である。ナッシュビルでレコーディングし、「B.B.キング・ブルースクラブ」で日本人として初のライブを行って帰国した七月、喉頭がんを告白して療養生活に入った。喉を酷使したせいか。あるいは酒豪で愛煙家でもあったせいか。

医者に手術を勧められた清志郎だが、「歌えなくなることだけは避けたい。喉や声帯にメスは入れたくない」「放射線治療も避けたい」として、抗がん剤治療をえらんだ。自宅の一室を無菌室に改造し、抗がん剤の副作用に苦しみながら、持ち込んだギターで作曲をつづけた。

治療の効果があがって、寛解と判断された〇八年二月、日本武道館に一万三千二百人という満席の客を集め、「忌野清志郎　完全復活祭」を開催した。病後とは思えぬパフォーマンスを忌野清志郎が繰り広げるステージの背後の大画面は、抗がん剤の影響で完全に抜けた髪が復活するまでの自撮り映像を映し出した。みな「完全復活」を信じた。だがその年の夏、腸骨への転移が見られ、再度療養生活に入った。

忌野清志郎が亡くなったのは二〇〇九年五月二日である。「団塊の世代」とは学齢で一年と一日しか違わず、内向的ではあったものの「団塊」的な感傷癖と自己憐憫癖に無縁だった偉大な詩人・ロックンローラーの生涯は五十八年であった。五月九日、青山葬儀場で行われた葬儀「青山ロックン・ロール・ショー」には四万三千人が参列した。

藤沢秀行

「野垂れ死に」するというけれど

〈囲碁棋士〉

■ふじさわ・しゅうこう
■ 2009年5月8日没(83歳)
■急性胆管炎から敗血症

二〇〇五年四月初旬、七十九歳の囲碁九段、藤沢秀行は競輪場からタクシーで東京西郊よみうりランドの自宅に帰ってきた。室内にいたモト夫人は、車が停まり、また発進していく音を聞いた。だが玄関を開ける気配がない。不審に思って表に出てみると、藤沢秀行は門扉の脇で転倒していた。胃がんの手術のあと血糖値が急に下がることがあり、そのとき意識を失うのだ。

七十五歳のモト夫人は秀行を抱き起こし、自力で運ぼうとした。その瞬間、左脚に激痛が走った。それでも必死の努力で秀行を家の中に入れた。その後も痛みをこらえて普通に暮らしていたが、あまりに痛みがつづくので五月になって病院に行くと左大腿骨を骨折しているといわれ、入院した。藤沢モトの壮絶な「老々介護」生活はこんなふうに始まった。

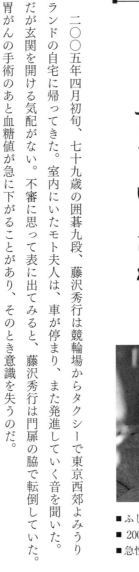

翌年、秀行は肺気腫と診断され、それまで際限なく吸うようであった缶ピースをあきらめた。歩く健康法だとして自信を持っていた競輪場通いも無理になった。前立腺がんを患って以来頻尿であったが、この頃にはまったく我慢がきかず介護用オムツをつけた。だが就寝中にはオムツからあふれて、蒲団はおろか、その下の畳、床板までが腐るような惨状であった。

モト夫人は、リウマチ性多発筋痛症の治療のためのステロイド服用から糖尿病を患い、さらに腰椎を圧迫骨折した。それは「介護骨折」であった。二〇〇九年の正月は、八十三歳の夫、七十九歳の妻、ふたりとも入院先で迎えた。この頃、秀行はしばしば誤嚥性肺炎を起こした。

父の遺伝子

藤沢秀行は一九二五(大正十四)年、横浜で生まれた。安政三(一八五六)年生まれの父重五郎《じゅうごろう》はそのとき六十九歳、母きぬ子は二十三歳であった。

父の戸籍に入った妻は最初の妻と秀行の母のふたりだけだが、女性関係は数知れなかった。四人きょうだいの長男である秀行には、腹違いの年長のきょうだいが、ほかに十五人いた。囲碁の藤沢朋斎《ほうさい》九段もそのひとりだが、秀行よりずっと年上の腹違いの姉の子なので、六歳上にもかかわらず秀行の甥という奇妙な間柄になった。

秀行は囲碁好きの父親に背負われて乳飲み子の頃から碁会所に通った。九歳でプロ棋士を目指して日本棋院の院生となり、十五歳で入段、プロとなった。勝負事には少年時代から天才的で、戦前、棋士たちと中国に行ったとき、船中で自分がまったく知らないゲーム、ポーカーやブリッジに興ずるオトナたちを後ろから見ていてルールを覚え、勘どころを手のうちに入れた。その後、勝負に参加して、オトナの、それもプロの碁打ちたちの持ち金を全部取り上げてしまった。そのときは代表者に、このままでは旅の雰囲気がよくないから金を返すようにといわれ、従った。

早くから囲碁界で注目されていた彼は、十八歳で本名保《たもつ》をあらため「秀行」と名のった。二十代の彼が地味な戦績だったのは、「感情の起伏が激しいために強さともろさが同居」していたからだと自己分析するが、普通では考えられない奇抜な手を打つ秀行は「異常感覚」と称された。

日本棋院近くにあった銭湯に通うモト夫人を見初めて結婚したのは二十四歳のときで、翌年、長男が生まれた。「棋院の姿三四郎」、つまり技の切れる美男ともいわれた秀行だが、その頃までは普通の夫、普通の父親だった。だがやがて、酒を浴びるように飲み、女と博打に熱中して家庭を顧みなくなった。

自分の父親にはおよばないものの、秀行はモトとの間の三人の男の子のほか、二人の女性との間に四人の子をなした。家の外につくった五男が囲碁八段藤沢一就《かずなり》、その娘が、二〇一九年、十歳ゼロヵ月でプロ入りした仲邑菫《なかむらすみれ》に破られるまでプロ入り最年少記録を持っていた藤沢里菜《りな》である。

秀行が競輪を始めたのは二十代前半、三十歳頃までは普通のファンにすぎなかった。五七年、三十二歳で第一期首相杯争奪戦に優勝して「ようやく自分の碁に自信を持つことができるようになった」時期、秀行は「石を並べる、考える、わからない。それを繰り返し、頭がどうにかなりそうなくらい考えた」(藤沢秀行『野垂れ死に』)というが、この頃から「よく学び、よく遊べ」を実践して酒量が増した。女性関係も切れ目なくつづき、競輪にはまりこんだ。

七〇年代後半、後楽園競輪の最終日最終レースで千円ちょっとの配当の車券を秀行は一点で二十万円買って当て、二百五十万円を手にした。

そのうちの六十万円を懐に、つぎの開催場・花月園へ行った。八レースを終えたところで資金は二十万円に減っていたが、その全額を投じて第九レース、配当三百八十円の車券を一点買い、七十六万に増やした。負けつづけの同行者たちに十四万円を祝儀に配り、残った六十二万円を第十レースに、これも一点買いでつぎこんだ。さすがにこんな大金の一点買いは初めてだったから、ゴール寸前、秀行は野獣のような雄叫びをあげた。結果、六十二万円が六・八倍の四百二十一万六千円になった。

むろん、いつも勝てるわけではない。負けの方がずっと多い。競輪場にはそんな客相手の金貸しがいて、利息は競輪の開催一日につき一割、返済期間はひと月以内という条件だった。競輪ひと開催は六日間だから、初日に借りた百万円は、ひと月後には百六十万円になっている。秀行はそんな泥沼にはまった。

「芸術家至上主義」？

競輪だけではない。三十代終りの一九六四年、にわかに「事業欲」を湧かせた秀行は日本橋馬喰《ばくろ》町《ちょう》に格安の物件があったので、碁会所をひらくつもりで借りた。開業資金は三百万円ほどだったが、「ほかにも事業を始めよう」と一千万円借りた。すると銀行は秀行に小切手帳と手形帳を持たせてくれた。「私のような男にそんなものを持たせるなんて、猛獣を野放しにするのと同じだ。銀行は無責任すぎる」と秀行は怒るが、もともと日中は問屋街に用のある商売人だけ、夜はまったく人影が消える日本橋界隈で碁会所がうまくいくわけもなかった。

しかし、サインするだけでいくらでも金を使える身となった秀行は「仲間を引き連れて毎晩のように飲み歩き、バカ騒ぎをしては、サイン。競輪に行く前に、サイン。借金取りにつかまって、サイン。何だかわからないけれど、知人に頼まれて、サイン」という状態になった。まるで「子ども銀行の総裁」だった。

だが、そのうちパクられた手形がまわってくる。それも「サイン」で回収。ついで代々木に不動産仲介業の看板を掲げた。うまくいくはずもなく、昼間から仲間が集まって飲むだけの場所になった。二十五歳のとき杉並区阿佐ヶ谷に建てた家は競売にかけられ、家族は方南町の借家に移った。

しかし藤沢秀行は三年間そこに帰らず、別の女性と子どもまでつくった。

藤沢秀行は、それを囲碁という「芸」のための放蕩、「芸」を磨くための不良行為だと強弁する。「芸術至上主義」または「芸術家至上主義」だといいたいのだろう。しかし第三者には双極性障害の躁病に見える。

「一代限りに願いたい」

アルコール依存症がひどくなったのは七〇年代である。七七年、藤沢秀行は五十二歳で「棋聖」タイトルをとったが、このときすでに二時間飲まないでいると寒気、吐き気に襲われ、手が震えて全身を虫が這いまわる幻覚を見る、そんな状態になっていた。しかし棋聖戦にそなえて、地獄の苦しみでアルコールを抜いた。

まず病院で点滴してもらう。すでに胃が食べ物を受け付けなくなっていたからだ。なんとか食事ができるようになった段階で、徐々に酒を抜く。禁断症状が出て苦しむ。暴れる。耐えきれなくなると、わずかに酒を飲む。酒が切れる時間を少しずつのばし、最後の一週間は酒を完全に断つ。暴力に耐える夫人の協力抜きには実行できないことである。

棋聖位は当時最高賞金の新設タイトル戦で、賞金と対局料を合せると二千三百万円ほどになった。その棋聖位を、秀行は七七年から五十七歳の八二年まで、加藤正夫、石田芳夫、林海峯《りんかいほう》、大竹英雄、当時の超一流棋士たちの挑戦を斥けて連続六期維持した。賞金、対局料のほか、勝者の余禄の講演料・原稿料などで多額の収入をもたらした。秀行は「一年を四勝で暮らすいい男」といわれたが、実際に膨大な借金を返したうえ、よみうりランドに家を買った。当初は行き方さえ知らなかった家だが、年齢とともに次第に居つくようになった。

この間、モト夫人は池坊《いけのぼう》の活け花を学んで免状を得、五九年、三十歳のとき教室を開いて家計を支えた。その後は夫の長期不在の間に京都の池坊中央研修学院での修業を重ね、九七年、池坊流の最高職位「総華督」にまで上りつめた。

藤沢秀行は三度がんを患っている。

最初は八三年、五十八歳のときである。棋聖位第七期目をかけて趙治勲《ちょうちくん》と戦い、三連勝後に四連敗して失冠したあと、棋士二十七名を引き連れて中国へ行ったが、帰国して大吐血、胃がんと診断された。このときは対局を休まず手術した。

二度目はその四年後、八七年である。上顎にがんが見つかりコバルト照射を受けた。やはり対局を休まなかったが、口の中がただれて酒が飲めなくなり、味覚も失った。同年、六十二歳で紫綬褒章を受章。二〇〇一年には前立腺がんになったが、これはホルモン剤投与だけで寛解させた。

プロ棋士を引退したのは一九九八年、七十三歳のときである。その翌年の秋、秀行は日本棋院を脱退、「秀行免状」を発行し始めた。日本棋院がアマチュアに免状を出すとき、不当に高い金を要求するからという理由であった。だが二〇〇三年、説得されて日本棋院に復帰した。

「秀行先生は本当にすごい。すごいけれど、秀行先生みたいな人にまた出てこられては困る。一代限りに願いたい」

と日本棋院を代表して大竹英雄が語ったのは、この時期である。

「女房より先に死ぬ」

藤沢秀行の最晩年は、まさに「老々介護」の困難の実証であった。

二〇〇八年初め、老妻モトはリウマチ性多発筋痛症で入院した。六月、八十三歳の秀行は京王閣競輪場で転倒して左大腿骨を骨折、要介護2となった。十一月には自宅で転んで、今度は右大腿骨を折った。十二月、モトがステロイド性糖尿病で再入院した。

秀行の没後、モトは書いている。

〈いい機会なので痛いところをいろいろ診てもらうと、腰の腰椎《ようつい》三番と四番のところが疲労骨折、圧迫骨折してつぶれていると言われました。また足首や甲、指のあたりにも小さな骨折の跡があり、それももう古傷になって固まってしまっているものと、比較的新しいものとがあるそうで、何度も骨折していたのだろうということでした。

「こんなになるまで、よく我慢したね」／と言われましたが、わたしのはさしずめ「介護骨折」でした〉（藤沢モト『大丈夫、死ぬまで生きる――碁打ち 藤沢秀行――無頼の最期』）

二〇〇九年二月、要介護3と認定された秀行に、医師は胃ろうを勧めた。だが秀行は断った。同月、モトが退院すると秀行も退院して自宅に帰り、久しぶりに食欲を見せた。しかし三月五日、誤嚥障害で再入院、九日に一時帰宅したが、翌日急性胆管炎から敗血症を起こして搬送された。五月八日、永眠。八十三歳であった。

「いつどこで死んでもいい」とつねづね口にしていた秀行だが、とうていひとり静かに死ねる人ではなかった。「最期まで大勢の人を巻き込んで」「大騒ぎ」の死だった。

二ヵ月後、都心のホテルで「偲ぶ会」が催された。そこに坂田栄男《えいお》(二十三世本因坊栄寿)が車椅子で出席したので周囲は驚いた。というのは坂田栄男は秀行の長年のライバルで、棋風も性格も正反対、犬猿の仲と見られていたからである。

七大タイトル就位回数では、坂田栄男は二十一回で林海峯と並ぶ六位タイ、秀行は十四回で山下敬吾と並んで九位タイであった。秀行が没した時点での一位は井山裕太の四十三期、二位は趙治勲の四十二期、三位は小林光一の三十五期であった。秀行より五歳上の坂田栄男は、翌年十月、九十歳で亡くなった。

〈こんなに生きるはずではなかった。／野垂れ死にするつもりだったのだ〉

藤沢秀行は八十歳になる直前の二〇〇五年春、こんなふうに書いている。

〈碁を打って打って打ちまくり、好きな酒を気が済むまで飲んで、ふらっと出かけた競輪場あたりである日コトッと死んでいる。／そんな最期を、もっと早くに迎えてしかるべきだった〉〈残されたやるべきことはただひとつ。／女房より先に死ぬことだ。／絶対に先にくたばってやる。／八十だろうが九十になろうが、野垂れ死んでやる〉(藤沢秀行『野垂れ死に』)

野垂れ死ぬというものの、仕事をしきって遊びに行った先で「コトッと死ぬ」とは、夫人に甘えていればこそ可能な「理想的」な死の一形態だろう。

自分で選んだという戒名「無明居士」にもそれは感じられる。「芸術家至上主義」に殉じたというより、遺伝子に翻弄された一生といえた。

盧武鉉

不幸な連環

〈弁護士、国会議員、第16代韓国大統領〉

■ノ・ムヒョン
■2009年5月23日没(62歳)
■投身自殺

第十六代韓国大統領、「進歩派」と自他ともに認めた盧武鉉《ノムヒョン》は、二〇〇八年二月二十四日に任期を終え、慶尚南道金海市郊外の故郷、烽下《ポンハ》村に帰った。「晴耕雨読」の生活を送るつもりで、実際そのようにした。麦わら帽子をかぶって自転車であたりを散策した。畑仕事にいそしみ、訪ねてくるかつての支持者たちと談笑した。

しかし〇八年六月、第十七代大統領・李明博《イミョンバク》政権内から「盧武鉉が退任したとき無断で国の記録物を持ち出した」という声が出て、検察が盧政権の元秘書官などを捜査対象とした。「それでは自分が出頭して潔白を証明する」と盧武鉉が発言すると、うやむやのうちに捜査は終了した。

しかし同年十一月、盧武鉉の側近が贈賄容疑で逮捕され、ついで盧武鉉の兄盧建平《ノゴンピョン》にも司直の手がおよんだ。

弟の権力をかさに着て「烽下大君」「慶南大統領」などと呼ばれた盧建平は、〇四年の慶尚南道知事補欠選挙、〇五年の国会議員補欠選挙に際し、運動靴メーカー会長に違法に選挙資金を提供させ、〇六年には農協による証券会社買収に介入、日本円にして約五億円の不当な利益を得たとされた。盧建平の逮捕は〇八年十二月であった。〇九年四月中旬になって、盧武鉉夫人権良淑《クォンヤンスク》と長男、それに姪の夫が検察の取り調べを受けた。やはり盧武鉉の後援者から違法な資金が流れた疑いであった。

「みなさんは私を捨てなければならない」

捜査は盧武鉉本人にもおよび、〇九年四月三十日、包括収賄罪の疑いで事情聴取を受けることになった。禁固四年の判決を受けた盧建平は、その前週に収監されていた。

烽下村からソウルの大検察庁に向かう彼の乗ったバスを、韓国メディアはヘリコプターと車で追って中継した。バスに乗りこむ直前、盧武鉉はカメラに向かって「面目ない」といった。しかし彼は最後まで、収賄事件に自分は関わっていない、一族の行為は知らなかった、と主張した。聴取後の検察内部は、前大統領を逮捕か在宅起訴かで見解が割れたが一応帰宅させた。烽下村に戻って自宅にこもる前大統領は、食欲を失い、ひどい不眠の結果、尋常ではない憔悴の色を見せた。

検察聴取から三週間あまり、〇九年五月二十三日の早朝であった。

午前五時半頃、盧武鉉は散歩に出ようとした。マスコミの張込みのため、そんな時間にしか外出できなかったのである。すでに起床していた夫人が「いっしょに行きましょうか？」と尋ねると、「そうしよう」とこたえた。しかし夫人が支度している間に前大統領は家を出た。

盧武鉉は随行した警護員とともに、自宅の裏山の岩に登った。それはミミズクに似たかたちの、高さ三十メートルほどもある巨岩で、以前にも飛び降り自殺者が出たことがあった。

岩の上で盧武鉉は、二十分ほど立ったり座ったりしていた。そうしながら警護員に、いまでもここにはミミズクがいるか、と尋ねた。タバコを持っているか、とも聞いた。ミミズクはいるようです、タバコを取ってきましょうか、と警備員がいうと、盧武鉉は、いいよ、その必要はない、とこたえた。

そして、岩の下に人影を見て、人がいるね、記者かな、とつぶやいた。警護員が身を乗り出して覗きこんだ瞬間、盧武鉉は身を投げた。午前六時半頃であった。梁山釜山大学病院に搬送された盧武鉉は、頭蓋骨のほか、骨盤や肋骨を多数骨折しており、三時間後に死亡が確認された。

遺書はパソコンの中にあった。それは十四行ほどの短いもので、散歩に出る直前に書いたと推察された。

「とても多くの人に面倒をかけた。私のせいで人々が受けた苦痛はあまりにも大きく、今後も受けるだろう苦しみははかりしれない」「これ以上、盧武鉉はみなさんが求める価値の象徴にはなれない。みなさんは私を捨てなければならない」「火葬にして、家の近くに小さな石をひとつだけ残してもらいたい」

自殺の報に、韓国世論は一転して盧武鉉を悼んだ。そして、彼とその一族に対する検察捜査を、李明博大統領の「政治報復」だと非難した。

無名に近かった大統領候補

盧武鉉は、解放一年後の一九四六年に当時金海郡であった烽下村で生まれた。のちに日本時代を経験していない最初の大統領となる彼は、貧家の五人きょうだいの末っ子だった。成績は良かったが、中学校で一年休学したのも貧しさゆえだった。一度は高校進学をあきらめたが、奨学金を得て釜山商高に進み、兄の援助を受けながら卒業した。農協の就職試験には失敗して小企業に勤め、その待遇に絶望したとき、司法試験をめざす決意を固めた。

司法試験準備は、文字通りの独学・苦学であった。まず受験資格を得るための「司法および行政要員予備試験」に二十歳で合格した。下級公務員試験は二十五歳で受かった。二十一歳から三年間の兵役をはさんで司法試験合格は七五年、二十九歳のときであった。

七七年、大田《テジョン》地方裁判所の判事となったが、翌年には弁護士に転身、不動産取引関係専門の稼ぎのよい弁護士として名をあげた。この間日本に行き、琵琶湖でヨットの操縦訓練を受けた。

しかし八一年、学生運動活動家の弁護に関わったのを機に、低料金または無償で政治犯の弁護を行う「人権派弁護士」あるいは「ストリート・ロイヤー」に再転身した。釜山アメリカ文化センター放火事件の被告を弁護した八二年、弁護士になったばかりの文在寅《ムンジェイン》が盧の事務所に入り、のちに連名の法律事務所を開設した。

八七年、大統領直接選挙をもとめる運動を主導した盧は、翌八八年、四十一歳のとき、軍人政権であった第十一、十二代大統領全斗煥《チョンドゥファン》時代の不正追及を行った。その過程で、のちに第十四代大統領となる金泳三《キムヨンサム》に見出されて釜山の選挙区から国会議員選挙に出馬、当選した。

しかし九〇年、金大中《キムデジュン》を中核とする野党統合を画策・推進して、金大中を政敵とする金泳三に嫌われ、九二年の国会議員選挙では落選した。ついで九五年の釜山市長選、九六年の国会議員選挙にも落選した。九八年の国会議員補選には選挙区をソウル中心部に移して当選したが、二〇〇〇年の選挙では選挙区を釜山に戻してまた落選した。この頃から、たびたび落選しても挫けない政治家として一部で人気を集めるようになった。

第十五代大統領金大中が、盧を海洋水産部長官(大臣)に任命したのは落選中のことであった。郷党対立意識の強烈な韓国で、金大中と民主党は南西部の全羅道では圧倒的な人気を誇ったが、南東部の大票田、慶尚道ではきわめて不人気であった。そんな慶尚道にテコ入れするため、金大中は盧武鉉を抜擢したのである。

金大中のあと、第十六代大統領選の党内候補を選ぶ二〇〇二年の予備選挙では、おおかたの予想を裏切って盧武鉉が民主党候補に選出された。

〇二年十二月の大統領選挙でも、やはり事前の予想とは逆に、盧武鉉が最大野党ハンナラ党の李会昌《イフエチャン》に勝利した。日本の専門家の間でも無名に近かった盧武鉉の当選は、折しも女子中学生二人を交通事故死させた米兵に在韓米軍の軍事法廷が韓米行政協定に基づいて無罪判決をくだし、にわかに反米気運が盛り上がった結果であった。

「反日米」と「太陽政策」

大統領就任後の国会は、多数派の野党ハンナラ党は盧武鉉の人格攻撃に終始した。そのうえ与党民主党内部でも抗争が激化、盧武鉉派はヨルリン・ウリ党(開かれたわれらの党)を結成して金大中派と訣別した。

二〇〇三年、盧は後輩の人権派弁護士・文在寅をいきなり大統領府民情首席補佐官に任命した。そんななか、アメリカに強く促された盧武鉉は、自らの民族主義的政治姿勢に反する決断をあえて下し、国民の非難覚悟でイラク戦争に米英に次ぐ大勢力三千余人を派兵した。また米韓自由貿易協定を推進した。

すると〇四年三月、野党ハンナラ党と金大中の民主党は大統領弾劾訴追を発議、議会では絶対多数で可決されて盧武鉉の大統領職務は停止された。しかし翌月行われた総選挙では盧武鉉与党のウリ党が地滑り的大勝利、憲法裁判所が弾劾訴追を棄却して盧は職務復帰した。

こののち、盧武鉉はネットを活用して世論形成する手法を活用、ポピュリズム政権の傾向を強めた。風よけの紙コップに立てたロウソクを手にしたデモ隊が首都の夜の大通りを埋めつくす風景は、この頃から見られるようになった。

盧武鉉は〇五年、上まぶたが垂れて視野が狭まったとして整形手術を受け、二重まぶたにした。韓国では、とくに若い女性を中心に整形手術による「改造」が流行した結果、そっくりな美女が多く出現したが、それは「外見重視」という伝統文化の発現で、初老の域に入った大統領も例外ではなかった。「身体髪膚《しんたいはっぷ》之《これ》を父母に受く。敢《あ》て《へ》毀傷《きしょう》せざるは孝の始めなり」という孔子「孝経」の言葉を意に介さないという意味では、韓国は儒教文化の国ではないといいえた。

「民族主義者」あるいは「民族至上主義者」であった盧武鉉は「反日米」色を打ち出す一方、北朝鮮を「敵(日米)の敵は味方」と位置づけ、対北局面では金大中の方針を受けついで「太陽政策」または「包容政策」をとった。生産活動が底割れした北朝鮮にコメや肥料の現物を支援し、南北共同の開城工業団地、金剛山観光開発などの支援を行って間接的に北朝鮮の核開発を助けた。その北朝鮮は〇六年十月、核実験を行った。

日韓関係を後退させた「バランサー」

韓国では「民主化」以後、政権運営で苦境に陥った大統領は条件反射のように「反日」に強く傾斜する。日本を「共通の敵」だとして煽動すれば、国論はまとまる。おまけに日本は遠慮がちに不快感を表明しても反論しない。対抗措置をとらない。

金泳三政権はその在任中、かつて帝国主義日本が朝鮮の「気脈」を断つために山に打ち込んだ鉄杭を抜くと称して、各地で発掘を試みたことがあった。掘り出されたのは総督府が行った地図測量用の三角点にすぎなかったが、韓国人は一時「気脈断ち」を信じた。

盧武鉉の場合は、現代史の「見直し」や「清算」のための法律制定に走った。〇五年には「親日反民族行為者財産調査委員会」を発足させ、「親日派」の子孫を六十年以上にさかのぼって排斥弾圧する法律を施行した。また「過去史基本法」は、朝鮮戦争での韓国軍の民間人殺害、軍事政権下での人権抑圧事件にさかのぼって適用され、全斗煥元大統領ら百七十人の叙勲が取り消された。しかしそれらは、立法の過去不遡及という常識に反していた。

日本の植民地支配への謝罪と反省、賠償を要求して日韓関係を後退させた盧武鉉は、日本の国連常任理事国入りに強く反対、二〇〇五年、自らが理事国入りに賛成していたドイツ政府に対し、日本をナチス・ドイツと同様に非難する共同宣言を持ちかけて、ドイツ政府とユダヤ人団体から激烈な批判を受けた。

〇六年には、島根県竹島(韓国が実効支配する独島)周辺で韓国船が日本の抗議を無視して海洋調査を行った。一方、日本の海上保安庁による同地域の海洋調査に対しては、盧政権はその阻止のため「島根県内の防衛庁施設」への軍事攻撃を検討していたとワシントン・ポスト紙が報じた。それは、理由薄弱な実力紛争への危険な意欲であった。

対米関係では、〇五年の韓米定例安保協議会で「日本を共通の仮想敵国にしよう」と提案してアメリカを困惑させた。さらに、韓国が東北アジアの「バランサー」の役目を果たすという盧武鉉の宣言は、周辺諸国と案件ごとの協力関係を築くことを意味し、アメリカが紛争当事国になった場合でも中立、または反米の態度をとるのではないかという疑いを招いた。韓米同盟の根拠と意味を損ないかねない発言に、アメリカは在韓米軍の削減と撤退をこの時期から真剣に考慮するようになった。

不幸な連環

退任後の韓国大統領は、在任中の絶対権力とは対照的な受難・悲運に見舞われる。

建国後最初の大統領となった李承晩《イスンマン》は、国民にその独裁的態度を強く嫌われ、在任中にアメリカに亡命せざるを得なかった。第五代から九代大統領の朴正煕《パクチョンヒ》は、国民の自由を制限しながらも日韓基本条約締結をバネに「開発独裁」を推進、経済の底上げに成功したが、在任十七年の一九七九年秋、側近の凶弾に倒れた。その直後大統領となった第十代崔圭夏《チェギュハ》は八〇年、光州事件で辞任したが、九〇年になってから国家侮辱罪などで刑事告発された。第十一および十二代全斗煥は八八年の退任後に、八〇年十二月のクーデター等の責任を問われて無期懲役となり、のちに特赦された。つづく十三代盧泰愚《ノテウ》も九三年の退任後、やはりクーデター等の責任を問われ、懲役十七年の判決を受けて下獄、のちに特赦された。

いわゆる「民主化」以降も事態はかわらない。

第十四代金泳三は、退任前年の九七年、次男が斡旋収賄と脱税の疑いで逮捕され、第十五代金大中も、二〇〇三年の退任後、息子三人が収賄・脱税の疑いで逮捕された。

盧武鉉のあとを襲った第十七代李明博は、退任五年後の二〇一八年、収賄・背任などで逮捕され、二〇年十月、懲役十七年の実刑、および罰金百三十億ウォン（約十二億円）と追徴金五十七億ウォンを科された。第十八代朴槿恵《パククネ》は在任中に弾劾が成立して解任、さらに大統領府に自由に出入りさせていた友人が国政に介入していたとして逮捕された。第十九代文在寅も退任後、無事にはすまなさそうだが、なぜこうなるのか。

家族と一族、それに郷党が、大統領に集中する権勢と利権の誘惑に身を任せるからだろう。しかし一方で、家族・一族・郷党の利益追求を大統領が認めなければ、あるいは見て見ぬふりをしなければ、「冷情な人物」として評価を下げるだろう。コリア文化の素数が家族・一族・郷党である以上、「民主化」以降もこの傾向はまったく変わらないどころか、むしろ強まっている。この「不幸な連環」から自由だったのは、かつて日本で評判の悪かった朴正熙だけである。

「パボ（馬鹿）」と自称した大統領

盧武鉉の自殺は、累を妻におよばせないための行動であったともいわれる。実際、盧の自殺を契機に妻への捜査は終了した。一九年五月、烽下村で催された十周忌には、退任した元アメリカ合衆国大統領、ジョージ・W・ブッシュが夫人とともに参席した。ブッシュは、緊張癖があるものの真面目で率直であった盧武鉉を懐かしんだ。

その烽下村を訪ねた朝日新聞記者・牧野愛博《よしひろ》は、盧武鉉記念碑に遺言どおり追悼の石が置かれているのを見た。だがその周囲は立派な礎石で飾られ、記念の石碑には「民主主義の最後の砦は、目覚めた市民の組織された力だ」という盧武鉉の言葉が刻まれていた。

しかし、その「目覚めた市民」の群れが、自ら軍と協力して「慰安婦狩り」を行ったという吉田清治の「作話」を信じて「歴史情緒」に流され、そのことが現実政治に深刻な影響を与えるというポピュリズムの波も、盧武鉉時代から顕著となったのである。「吉田証言」を日本マスコミはすべて取り消したが、韓国ではその事実を知らないか、または意図して無視した。朴槿恵を弾劾解任に追い込んだのも、第十九代大統領に学生活動家のようなセンスを持ちつづける文在寅を当選させたのも、この「集団的情緒」であった。

そうして、現代ではもっとも戦争要因となりがちな「民族主義」を強く主張しながら「左派」を自認する大統領という矛盾の根は深い。北朝鮮の三代にわたる奇怪な支配体制もまた、コリア文化と民族主義のアマルガムにほかならず、そんな北朝鮮の犯罪と恥辱を引き受ける覚悟なしに北に「接近」し「包容」することの意味が、文在寅大統領に理解されているとは思いにくい。

韓国ではじめて高卒の大統領となった盧武鉉は、しばしば「パボ(馬鹿)」を自称した。それはコンプレックスのあらわれであっただろうが、韓国の世論調査では、「パボ」盧武鉉は「好きな元大統領」の一位にあげられる。

牧野愛博はいう。

〈それはきっと、学閥とか利権とか、韓国人自身が「直さなければいけない」と思っている課題に正面から向き合った盧武鉉を慕う気持ちの表れではないだろうか〉

三沢光晴

〈プロレスラー〉

過重労働による社長の死

■みさわ・みつはる
■2009年6月13日没(46歳)
■試合中の事故死

二〇〇九年六月十三日、プロレスラーの三沢光晴は広島県立総合体育館で潮﨑豪とタッグを組み、齋藤彰俊、バイソン・スミス組と戦った。

試合開始二十五分過ぎであった。齋藤彰俊のバックドロップを受けた三沢光晴は頭部を強打、そのままマットから立ち上がらなかった。リング上で応急処置を施したが反応がない。救急隊が到着したときには、すでに心肺停止状態だった。

頸髄離断による死亡を確認されたのは搬送先だが、このとき三沢光晴は四十六歳、ジャイアント馬場譲りの受け身の名手が、と周囲は啞然とするばかりだった。

「垂直落下式」のダメージ

母子家庭で育った三沢光晴は高校時代にアマレスの強豪となり、卒業後の一九八一年、ジャイアント馬場の全日本プロレスに入団した。メキシコで武者修行をしたのち、八四年夏「タイガーマスク」二代目としてデビューし、一九九〇年までは覆面レスラーであった。

八五年、ジュニアヘビー級の王座を獲得すると、その年の秋、ヘビー級に転向する。だが、超大男ぞろいのそのクラスでは苦戦つづきで、八九年には膝を痛めて一年間休養を余儀なくされた。

九〇年、全日プロレスから天龍源一郎ら主力の半数が離脱した。同年五月、東京体育館での試合中にマスクを脱ぎ捨てたが、それは体調不良のジャンボ鶴田にかわって三沢自身が全日のエースとして立つ決意をしめした行為であった。

九〇年代の三沢は、川田利明、小橋健太、田上《たうえ》明と「四天王プロレス」を標榜、「垂直落下式」「高角度式」などと命名された危険な技を互いに繰り出しあう試合を売り物とした。試合はしばしばダブルノックアウト状態となり、いくら巧みに受け身を取っても頭部や頸部に深刻な打撃を与える技の連発であった。

九一年十月から専門誌「紙のプロレス」に連載コラムを始めた「消しゴム版画家」、というより文明批評家のナンシー関は、プロレスの技の命名について、つぎのように書いている。

〈外国語を日本語に訳す時、直訳が最も正確に意味を伝えるとは限らない。日本の歴史や文化、状況を相対的に見て、時には辞書を無視することで名訳は生まれる。／プロレス用語もそうである。「ベア・ハッグ（熊の抱き締め）」が「サバ折り」となるのは、相撲を国技とする国である以上当然である〉

〈それにもまして私が好きなのは「吊《つ》り天井《てんじょう》」という名前だ。英語名は「リバース・サーフボード・ホールド」。しかしあの技は「吊り天井」以外の何物にも見えない。サーフボードがどうしたなどというカリフォルニアなタワ言に一切耳を貸さなかったところが素晴らしいと思う。（……）日本の文化は曲げられん、という気骨を感じる。「オクトパス・ホールド」を「タコ固め」と訳していたらと思うとゾッとする。「卍《まんじ》固め」だからこそ、猪木の名勝負もあり得た〉

〈「アトミック・ドロップ」を単に「尾てい骨割り」としておきながら「ジャーマン・スープレックス・ホールド」を「原爆固め」としたところなど、その目の確かさに感服する。「ダブルアーム・スープレックス」を「人間風車」と訳したのは誰だ。もはや文学である〉（『ナンシー関の消しゴム爆破デスマッチ』）

社長の労働災害

プロレスとは、自分だけではなく相手のよさや持ち味を引き出すこと、すなわち相互性を肉体で表現する格闘技だが、以前にもまして危険な技の応酬を行わなければならなかった背景には、プロレスの観客動員力低下という深刻な事情があった。

八八年三月まで、日本テレビはゴールデンタイムに全日本プロレスの中継枠を持っていた。だが翌四月からは夜の十時半開始となり、やがて深夜枠に移される。

九九年一月にはジャイアント馬場が死去し、三月、ジャンボ鶴田が引退する。

同年五月、全日の社長に就任した三沢光晴だが、翌二〇〇〇年、新団体「プロレスリング・ノア」を結成する。

小規模のまま継続するつもりであった「ノア」が五十人までふくれあがったのは、親分肌の三沢を慕って合流・入門するレスラーがあとを絶たなかったからである。

集客力は縮小しているのにレスラー人口は増えつづけ、八九年には日本のプロレス界全体で八十一人だったレスラーが、九九年には三百二十六人、二〇〇九年には三百五十三人になった。そして、そのうち八十六人が四十歳以上であった。

「受け身の天才」といわれた三沢光晴にも、長年の酷使による首と腰のダメージは蓄積した。そのため普段から首は傾き、歩き方はロボットのようだった。また試合後には、屈強のトレーナーが三沢の詰まった首にタオルを巻き、全力で引き抜かなければならなかった。

〇九年三月、日本テレビは「ノア」の中継から撤退する。一九五三年の開局時より力道山の試合中継を行い、プロレスとともに成長してきた感のある日本テレビが、ついにプロレスを見捨てたのである。そんな時期の三沢光晴の事故死は、まさに社長の労働災害であった。三沢光晴と同じ一九六二年生まれのナンシー関は、すでに二〇〇二年六月、三十九歳の若さで亡くなっている。

一九九〇年代には二十万部を売ったが、二〇〇〇年代に入って部数を失っていた「週刊プロレス」は、〇九年六月十七日発売号で三沢光晴の最後の試合の模様をつたえた。その号は七万部がすぐに売り切れ、急遽三万部増刷した。初版五万部の「追悼特集号」も五万部刷り増した。

二〇〇九年七月四日、ディファ有明で開催された「お別れ会」には関係者千人のほか、ファン二万五千人が集った。かくも三沢光晴選手兼社長は愛されたのだが、それでもプロレス興行の動員力凋落を止めることはできなかった。

（泉直樹『プロレスは生き残れるか』を参考にした）

大原麗子

女性・男性・女優

〈女優〉

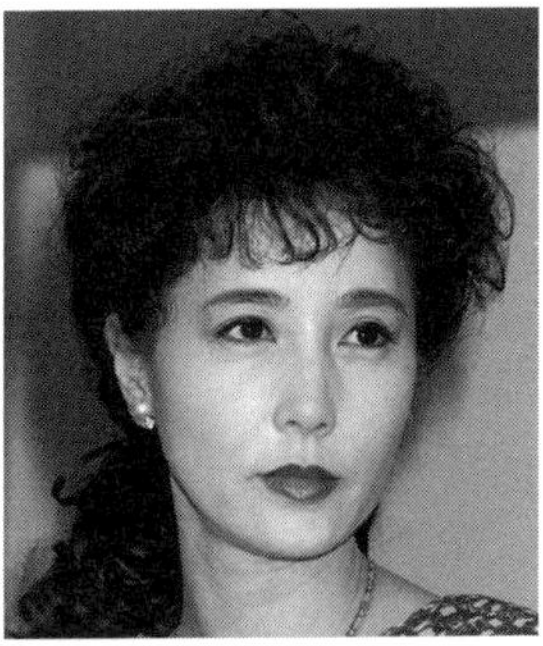

■おおはら・れいこ
■ 2009年8月3日頃没(62歳)
■脳内出血

「少し愛して。ながーく愛して」

ウイスキーのサントリーレッド、そのテレビCMコピーである。一九八〇年から九〇年まで放映された。演出は市川崑。

モダンと古風のハイブリッド的美貌、三十代の大原麗子がハスキー気味の声でこうささやくとき、男たちの手は止まった。視線はひきつけられた。

このCMで彼女が体現したのは、「美しい女性に甘えられる」という昭和戦後のサラリーマンの「物語」そのものであった。これこそ代表作だといえば彼女は気を悪くするだろうが、同時代を生きた男たちなら深くうなずくのではないか。

ギラン・バレー症候群「再発」

二〇〇八年十一月であった。

一九八〇年代から九〇年代にかけ、大原麗子の全盛期にしばしば取材した「女性セブン」のベテラン記者が、世田谷区岡本の大きな家に大原麗子を訪ねた。ここ五年ほどメディアに姿を現さないまま、「ギラン・バレー症候群」再発のせいか自宅で転倒して右手首を骨折したと聞いた彼女の近況を知りたいと思ったのである。

このとき六十一歳、大原麗子は在宅していた。しかし玄関のドアは開けてくれなかった。「ちゃんとしたお洋服を着られない」「(右手に)ギプスしているから髪も洗えない」、そんな状態だから「絶対に写真を撮られたくない」というのがその理由であった。うつ気味で拒食症でもあるから、とはいわなかった(「女性セブン」二〇〇八年十二月四日号)。

それでも人懐かしいのだろう、大原麗子とそのベテラン芸能記者はインターフォン越しに長話をした。立っているのがつらいからインターフォンのそばに横たわって話しているといった彼女は、自分がギラン・バレー症候群の再発で満足に動けず、同居している要介護3、九十歳の老母の介護もできないといって泣くのである。

ギラン・バレー症候群とは、運動筋肉の神経系が侵されて手足に力の入らなくなる疾患で、自己免疫の暴走が原因とされる。重症化すると呼吸にも支障が出る。その場合は気管切開しなければならないが、予後は比較的よく、自然治癒するケースが多いとされる。

大恐慌時代から第二次大戦終末期までアメリカ大統領であったフランクリン・デラノ・ローズヴェルトは、三十九歳のときポリオにかかって車椅子生活を余儀なくされたのだが、実はギラン・バレー症候群ではなかったかといわれている。十万人に一人か二人が罹患するというめずらしい病名が日本で広く知られるようになったのは、大原麗子の「再発」告白からである。

大原麗子は一九七五年、二十八歳のとき、この病気を発症した。それが九九年、五十代の初めに再発して苦しんでいる、と嘆いた。さらに、この二〇〇八年のは「再発」どころではない、と彼女は強調した。

「再発再発、再々再々再々発なんです。もう何十年も何回もだもん。それをステロイドのお薬でしのいでいただけですよ」

ギラン・バレー症候群が起こるたびに治療をしてくれた主治医が二〇〇三年に亡くなった。以来自分には頼る人がいない。そういって彼女は泣きじゃくるのである。

この訪問記が雑誌掲載されると、彼女の方から記者に「会いにきてほしい」と電話があった。今度は直接会うといったものの、条件がついた。

「私はサングラスとマスクをかけて会うからね。それと、お土産は持ってこないでね」

記者が再訪したとき、「ピンクの部屋着姿」の大原麗子は「すっぴん顔に薄いブルーのサングラスをかけていたが肌はみずみずしく透明感があり、女優オーラは健在だった」(「女性セブン」二〇〇九年九月三日号)

三十畳ほどのリビングルームには戸棚とテーブルセット以外の家具はなく、寒々とした印象だった。持参したマロングラッセを差し出すと、大原麗子は「なんで持ってくるのよ！」と怒り出した。だが、「お土産ではなくて、これからお話をするためのお茶菓子」と言い訳すると、うれしそうに三個立てつづけに食べ、「あぁ〜、美味しい。何も食べてなかったのよ」といった。

すでに老母は施設に入り、二六〇平米の家に一人暮らしだった。どうしてこんな広い家に一人で、と尋ねると、「私、お金がないの」といった。「だから新しい家なんか借りられないの」

二〇〇七年に三億五千万円で家を売りに出したが、結局買い手はつかなかった。

彼女は記者に、ストーカーに家のまわりをうろつかれた怖い経験を語った。冷蔵庫にべたべたと貼ってある付箋五十枚は、彼女の執拗な依頼を受けて家の外を見回り、その日時と「異常なし」の文言を記した警察官のメモだった。

記者は、こう書いて訪問記を閉じた。

〈いとま乞いをすると、大原さんは玄関まで見送り、小さくしゃがみこんで、少女のように「また来てね」と何度も何度も手を振り続けていた〉

「もっとも好感を持つ女優」

東京・文京区の和菓子屋に生まれた大原麗子は、女優になりたい少女だった。高校一年生の一九六二年頃から、まだ盛り場としてはあたらしかった六本木に出没して、芸能界志望者の集まりといわれた「野獣会」のメンバーとなった。

六四年、NHKテレビが連続ドラマの若い役者を募集したのに応じ、採用された。六五年秋には高倉健主演「網走番外地」シリーズ第四作『北海篇』に出演した。第一作、第二作の客入りがよかった「網走番外地」は、東映の岡田茂の「マンネリ上等」という方針のもと、正月、ゴールデンウィーク、お盆と年に三本つくられ、大原麗子は五本連続で出演した。すべて石井輝男監督作品である。もっとも、男ばかり出てくるお話だから、まだ十代の大原麗子はヒロインではなく、どの作品でも高倉健が偶然会った生意気な美少女という設定だった。

六五年には八本の映画に出た。六六年には十二本、六七年には七本、六八年には六本と、二十二歳までが映画出演の多かった時期である。東映との専属契約は七〇年で切れ、以後は各社の作品に出演したが、七〇年代後半以降、映画の本数はしぼられた。

その時期のめぼしい作品は、市川崑の『獄門島』(七七年)と『おはん』(八四年)、降旗康男の『居酒屋兆治』(八三年)などである。山田洋次の「男はつらいよ」シリーズでは『噂の寅次郎』(七八年)

と『寅次郎真実一路』(八四年)の二作で「マドンナ」となった。一九七〇年代から八〇年代にかけての十四年間「もっとも好感を持つ女優」の一位であった彼女だが、四十歳での木下恵介監督『新・喜びも悲しみも幾年月』(八六年)が事実上最後の映画出演となった。

テレビドラマは六〇年代から九〇年代まで多数の作品に出た。NHKの大河ドラマは『竜馬がゆく』(六八年)から『徳川慶喜』(九八年)まで、六本におよんだ。『春日局』(橋田壽賀子脚本、八九年)では主演、『徳川慶喜』では出演に加えてナレーションも担当した。

民放では石立鉄男主演の連続ドラマ『雑居時代』(七三―七四年)、『気まぐれ天使』(七六―七七年、いずれもNTV)に出て、コメディエンヌの資質を感じさせたが、この方向は追究されることなく終った。『網走番外地』以来兄のように慕いつづけた高倉健とは、九二年、NHKの『チロルの挽歌』(山田太一脚本)で共演、彼女自身この作品を代表作と考えているようだった。TBSのディレクターだった鴨下信一と親しく、彼が演出したドラマには『女たちの忠臣蔵』(七九年)ほか、長時間の単発ドラマを中心に二十本以上も主演した。

女性・男性・女優

大原麗子は、容貌からは想像しにくい勝ち気とわがままで知られた。十九歳で籍を置いた芸能プロでは男性マネージャーを九人も替え、ついには台本を届けるスタッフさえいなくなったという。

そのためベテランの女性マネージャーがついたのだが、彼女のわがままはやまなかった。それは大原麗子特有の「完全主義」がもたらしたわがままだった。台本を持ってリハーサルに臨んだことは一度もない、と彼女は豪語した。セリフを完璧に入れ、動きをすべて記憶してからリハーサルの現場に臨んだという意味である。主役の自分が台本を持たずに現場に入るなら、まわりの役者も当然そうするべきだと彼女は思いつづけた。

『春日局』では、台本にないセリフを本番で加えることを要求したが、それは掟破りの所業で、とくに橋田壽賀子のホンにそれをもとめるのは、まさに破天荒であったが、演出家は承諾するしかなかった。また人間心理の必然性を無視していると彼女が思うセリフや動きの指示には、納得するまで脚本家や演出者と議論した。要するに「面倒な女優」であった。

そんなこともあってか、やがて仕事の依頼は減った。主役でなければ受けないという姿勢もそれに拍車をかけた。ギラン・バレー症候群が再発したと彼女が訴えた九九年以降、すなわち彼女の五十代には、リューマチで歩行不自由になった老母と自宅で過ごすことが多かった。

それでも二〇〇三年、鴨下信一演出の舞台『眠り人形』に出演し、翌〇四年十二月には、最初の夫・渡瀬恒彦が「十津川《とつがわ》警部」役で主演する鉄道推理ドラマ「東北新幹線『はやて』殺人事件」(TBS)に出て、スナックのママを演じた。渡瀬恒彦は、いわゆる「二時間ドラマ」の「十津川警部」シリーズに九二年から亡くなる直前、二〇一五年まで五十四作に主演したのだが、引きこもりがちな大原麗子を案じて、その第三十三作への出演を促したのである。

彼女が渡瀬恒彦と結婚したのは一九七三年、二十六歳のときだが、その頃すでに大原麗子は人気女優、渡瀬はまだ新人扱いだったので「格差婚」といわれた。仲のよい夫婦だったが、やがて人気の出た渡瀬の仕事は京都の撮影所中心となり、東京を離れない大原麗子とすごす時間は激減、四年半で離婚した。「私が愛したのは渡瀬恒彦だけ」としばしば口にしていた大原麗子だが、五十八歳で元夫と共演したこのドラマが生涯最後の出演作となった。

彼女の二番目の夫は歌手の森進一であった。八〇年六月、大原麗子が三十三歳のとき結婚し、八四年に離婚した。森進一は家にいる妻をもとめたが、仕事に執着する彼女は肯《がえ》んじなかった。森進一と夫婦であった頃彼女は妊娠した。しかし出産と育児で仕事ができなくなることを恐れ、中絶してしまったと大原麗子の弟はいっている。

記者会見で離婚の理由を尋ねられた大原麗子は、「家に男が二人いたから」とこたえた。だが、正確には「家に女優と男、相容れない二人がいたから」というべきだっただろう。女性と女優は別種の生きものなのである。

最晩年の「長電話」

九九年、大原麗子の「再発」と同時期、演出家の鴨下信一はギラン・バレー症候群にかかった。

ひと晩で左足の親指しか動かせなくなるほどの急性で、呼吸不全にも陥ったため気管切開が必要だった。回復まで十ヵ月を要した鴨下信一の病床を見舞った大原麗子は、同病の再発患者として長々とレクチャーしたが、この病気の再発はごくまれだと知っていた鴨下信一は、大原麗子のはうつ病ではないかと疑った。最晩年の手首の骨折も、拒食症からくる栄養不良と骨密度低下のせいだった可能性がある。

最晩年の大原麗子は「電話魔」だった。一九七〇年代なかばから三十年以上のつきあいの浅丘ルリ子は、そのもっとも深刻な「被害者」となった。彼女は二〇〇九年八月二十三日、青山葬儀所での大原麗子の「お別れの会」で、つぎのような弔辞を読んだ。

「夜中の二時、三時にお構いなくかかってくる貴女《あなた》からの電話、長々と人様や自分の不平不満を訴えるだけの一方的な長電話、こんな事が何回も重なると貴女の声を聴いていることさえつらくて、もう麗子からの電話には出たくないと思ったものです。私だけではなく、貴女を大切に慈しんでくれた身内の方、友人たち、素晴らしい仕事仲間たちの好意も一切受付ず拒否し続ける貴女の気持ちが私には解りませんでした」(「文藝春秋」二〇〇九年十月号)

旧友たちがみな「着信拒否」にしたのも無理はなかった。

二〇〇九年七月三十日、やはり長電話に悩まされた二歳下の弟が久しぶりに姉の家に電話した。しかし出ない。その後何度電話しても出ない。八月六日、成城警察署員に同行してもらい、たった一ヵ所鍵のかかっていなかった窓から中へ入った。

大原麗子は二階、寝室のベッドの下に倒れていた。すでに亡くなっており、遺体から一メートル半のところに携帯電話が転がっていた。検視の結果、亡くなったのは八月三日とされた。冷蔵庫の中には貰いものらしいスイカが、ふた切れ半入っていた。それ以外に食料品は見当たらなかった。

彼女は週刊誌記者とのインターフォン越しのインタビューで、「ギラン・バレー症候群でもう何十年も痛いし、脚の麻痺も始まっている」「今日も二つの病院に行ってテーピングとかギプスもしなければならないし、鍼治療にも行かなければならない。他の病院も何ヵ所か通っている」と語っていたが、症状も治療方法もギラン・バレー症候群とは合わない。

弟が、脳血管の疾患ではないかと考えたのは、姉はそれまで何度か軽度の脳梗塞に襲われていたからである。司法解剖の結果、六十二歳の大原麗子の死因は、不整脈による脳内出血とされた。

山城新伍

よくもここまで

〈俳優、タレント〉

■やましろ・しんご
■2009年8月12日没（70歳）
■糖尿病、誤嚥性肺炎

〈今回の離婚は、いろいろなことが積み重なった結果だと思います。父の嘘の多さや無神経さとか、常識の尺度や価値観の違いとか、だんだんそういうことがはっきりしてきて、母はけじめをつけたいと思ったのでしょう〉

〈両親の結婚は、最初から間違っていたと思います。すべてに対して、母と父は正反対です。結婚するときに、まわりの方に水と油じゃないかと言われたという話を聞いたことがあるのですが、まさにそうですね。母は、長いこと、父と似たもの同士と思われ、これからも「山城の奥さん」と言われることに耐えられなくなったのだと思います〉（南夕花《みなみゆうか》「父・山城新伍への訣別」、「婦人公論」二〇〇〇年六月七日）

こう語っている南夕花は、俳優・テレビタレントの山城新伍と元東映時代劇女優の花園ひろみの娘である。彼女は一時テレビドラマに出演し、舞台にも立ったが、芸能活動から遠ざかってすでに久しかった。

「白馬童子」から「ご意見番」に

京都の町医者の息子である山城新伍は医大受験失敗後の一九五七年、十八歳で東映第四期ニューフェイスとなった。同期に佐久間良子、のちに銀座のバーのママから作詞家・作家に転じた山口洋子がいた。二歳年少の花園ひろみも同期だった。

山城新伍が五九年、テレビ時代劇ドラマ『風小僧』でデビューしたのは映画スターとしては二線級止まりと見られた結果であった。しかしこれが好評で、翌六〇年、『白馬童子』に主演して子どもたちの人気を得た。山城本人も、のちのちまで『白馬童子』を卑下自慢の話題にした。

一方、花園ひろみは五八年に映画デビュー、時代劇の娘役スターとして七十本あまりに出演、六二年に二十二歳で引退した。撮影所映画の衰退とテレビの隆盛とが交差した時期である。

花園ひろみに山城新伍は猛烈な攻勢をかけた。自分の運転する車に彼女を乗せ、結婚してくれなければ車ごと水に飛び込むといって口説いた。そのわりには時間がかかり、結婚したのは六五年、山城二十七歳、花園二十五歳であった。六七年春、ひとり娘の夕子(南夕花)が生まれた。

六〇年代後半、山城は斜陽化した映画界に戻って東映任俠映画の脇役をつとめた。その後、同年生まれだが東映ニューフェイスでは一期下、学齢では一つ上の梅宮辰夫が六九年から七二年まで主演した「不良番長」シリーズにコメディリリーフで助演した。七三年から七四年にかけては、深作欣二監督の「仁義なき戦い」シリーズでバイプレーヤーとしての地位を固めた。

七五年、現テレビ東京のトーク番組「独占！男の時間」のMCとなり、性的な話題では「チョメチョメ」という独特の伏せ字を多用し、いいたいことをいうタレントとして名を上げた。しかし、根が小心なのに自己主張の強い人物にありがちの強引な「仕切り屋」ぶりと、その利《き》いた風な話し方には、すでに中年男なのに「小利口」「小生意気」の印象がともなった。豊富な雑知識で映画の「ご意見番」を自認し、また京都生まれのゆえか部落差別問題に理解があることに自信を持っていて、それに関する著作もある。

七六年からは、日清食品のカップうどん「どん兵衛」のCMに、東映の大部屋上がりの俳優川谷《かわたに》拓三《たくぞう》とともに出演した。このCMは九〇年まで放映されて山城新伍の全盛期と重なった。

離婚は「お仕置き」と喧伝したが

山城新伍はおなじ妻に二度離婚されている。一度目は八五年で、原因は山城の女性関係である。このときは山城本人にいわせれば「いい子にしていたご褒美で」、六年後の九一年に復縁した。二度目は九九年、やはり女性関係ゆえで、娘の南夕花が語っているのはこの二度目の離婚である。最初の離婚のとき山城は、妻子が住むマンションの別フロアの部屋に住んでいたが、二度目の離婚では目黒区の家を出され、恵比寿のマンションに単身で住んだ。二度目の離婚が明らかになった直後、ラジオに出演した山城はこう語っている。

「復縁？　そう願いますね。妻への未練は頭の先から足の先まで9割5分ある」

娘・南夕花の「婦人公論」での発言は、以下のようにつづく。

〈以前の離婚のときも「家には離婚届や婚姻届が何枚も常備してある。届はけんかの小道具みたいなもの」と（父は）発言し、なにか悪いことをしたらお仕置きに離婚、ちょっと素行よくおとなしくしていたらご褒美にまた入籍、と印象づけているんです。ほんとうに、怒りを通り越してあきれています（……）父は恐妻家を演じるのがうまいのです〉

〈今、急に山城さんと呼ぶのも変ですし、ほかに言いようがないので「父」と言っていますが、ほんとうは父とは呼びたくない。離婚してしまえば父と母はもう他人ですが、娘の場合、親子という事実がずっと付きまとう、それが耐えがたいのです〉

「特養」に入った最晩年

二回目の離婚以後、山城新伍のメディア露出は少なくなり、二〇〇五年、糖尿病を患っていることを告白してからは激減する。病的なまでに女性好きの山城だったが、酒はほとんど飲まず、父親も五十歳で糖尿病で亡くなっていたというから、遺伝性なのだろう。

何度か入院したようだが、退院すると以前のような「食道楽ぶり」を発揮して病状は改善しなかった。痩せて白髪となり、足を引きずりながら何歩か歩くたびに電柱や消火栓につかまって息をつく姿を「徘徊」と書かれ、レストランでひどい食べこぼしをする姿を目撃された。本人は、十五年以上前に終った「どん兵衛」CMのギャラがまだ支払われていないと広告代理店関係者に訴えた。そんな話題が、ときどき小さく週刊誌のコラムに載った。その「どん兵衛」で共演した川谷拓三は一九九五年、五十四歳の若さで肺がんで亡くなったが、晩年には、横柄でわがままな山城新伍が大嫌い、と広言していた。

二〇〇八年頃、山城新伍の病状は急速に進んだようで、その年六月、町田市の特別養護老人ホームに入った。入居先を探し、手続きを取ったのは山城の一歳下、京都で家業を継いだ実弟であった。それにしても「特養」とは。よほど介護度が高かったのだろう。

そんな山城新伍を探し出し、インタビューした週刊誌記事があった(「週刊文春」二〇〇八年九月四日)。

車椅子、流動食の生活を送っていて髪は真っ白、ホームの入居者は誰も山城新伍だと気づいていない感じだったという。彼はベッドに横たわったまま、記者にこたえた。

〈「ぼくが業界を引退したのはね、もうぼくらの世代が何かをする時代じゃないと思ってね。（特養に）入院してみるとわかるけど、みんなある程度で自分の第一の人生にピリオドを打って、あとはそれなりの生活をしているわけですよ」

――友人の方々が心配しているようです。

「そんなもん、会いたくないいやろ。それで連絡もとってない。このまま消えてしまいたいぐらいや。面会には昔のマネージャーと弟がふた月にいっぺんぐらい来るけどね。そうじゃないと寂しいじゃない。他の人は誰も知らないよ、この病院のことは。そんなこといちいち言わないから」

――花園さんや、娘さんは面会に来ますか。

「女房とは離婚しましたからね。娘には会いたいけれどね……」〉

よくもここまで

山城新伍が亡くなったのは、それから一年後の二〇〇九年八月十二日であった。

その年の三月、面会に行った梅宮辰夫は、わりと元気だった、話しぶりに昔のテンポはなくて、とつとつとしていたが、まともに話せた、と語った（「アサヒ芸能」〇九年八月二十七日）。

十五歳のときテレビの二時間ドラマで共演した女優の川上麻衣子は、関係者に連絡を取って居場所を探し、その年の五月半ばに面会した。

「面影はあったんですが、でも明らかに弱っていて、すごくやせてしまって、本当に小さく小さくなってしまったんです。本当は山城さん、もうしゃべることも難しかったんです」

「いろいろ思い出しているようでしたが、言葉にならず、ふたりとも黙ってしまって。その間ずっと山城さんは、私の手を両手で握っていました」(「女性セブン」〇九年九月十七日)

特養に入るとき、山城の弟は役所から元夫人に連絡してもらった。しかし、電話をとった元夫人は「関係ありません」とだけいった。係の人が娘にかわってもらって説明しようとしたが、何も聞こうとせず電話は切られた。娘はこのときすでに、戸籍上の姓を渡辺(山城の本姓)から花沢(花園の本姓)に変えていた。

その後、山城の弟のところに、元夫人から「勝手に電話番号を教えるな」と、すごい剣幕の抗議があった。このあと元夫人と娘は、携帯電話と固定電話、両方の番号を変えてしまったという(「女性自身」〇九年九月一日)。

よくもここまで嫌われた。

2010 年に死んだ人々

浅川マキ
J・D・サリンジャー
北林谷栄
梅棹忠夫
つかこうへい
石井好子
梨元　勝
池部　良
佐野洋子

浅川マキ

〈歌手〉

「夜が明けたら、いちばん早い汽車に乗るから」

■あさかわ・まき
■2010年1月17日没(67歳)
■入浴中に心不全

「夜が明けたら」「かもめ」「ふしあわせという名の猫」などの歌を、前髪を眉の下で切りそろえたロングヘア、ぶ厚いつけまつげ、黒ずくめの衣裳で、物憂げに、しかし明瞭に聞こえる低い声で歌った浅川マキは、暗さと華やかさをあえて混同した一九七〇年代の都会文化を、わけても新宿という街を象徴する歌手だった。

ステージではつねにタバコをくゆらし、水割りのウイスキーを飲んだ。コンサートの冒頭には必ず、「よく来たね」と観客につぶやき、「今夜はいい男ばかりだから、いい夜になりそうね」と粋な娼婦のように話した。

浅川マキは一九四二年一月、日本海に面した石川県美川町《みかわまち》で生まれた。雨の多い町だった。六歳のとき、父親は肺結核で死に、以後母親が地元の機屋《はたや》の経理をしてマキと妹を育て上げた。

そろってできのよかった姉妹は、二〇キロ近く離れた金沢市の進学校、二水《にすい》高校に汽車通学した。卒業するとマキは美川町役場に勤め、国民健康保険係となった。しかし、東京へ行きたい、東京で歌い手になりたいという気持はもだしがたかった。

家出同然に上京

母親の強い反対を押し切って、家出同然に北陸線と上越線を乗りついで上京したのは、就職二年後の一九六二年二月、彼女は二十歳になったばかりであった。このときのことを、後年やや劇的に書いた詞が「夜が明けたら」である。

「夜《よ》が明けたら／いちばん早い汽車に乗るから／切符を用意してちょうだい／私のために一枚でいいからさ／今夜でこの街とはさよならね／わりといい街だったけどね」

と大きくはないのによく透る声で歌って、彼女は世に知られた。

浅川マキには天賦の歌唱の才能があった。美空ひばりの歌を、ひばりの歌い方で完璧に歌えたし、自分の歌い方でも歌えた。正規の音楽教育を受けることなくすべて自学、現場で自分を育てた歌手であった。ゴスペルやソウルの歌手になりたくて上京したのだが、当時の日本には場所がなかった。

やむを得ずキャバレー回りをおもな仕事とした。六五年には一時、復帰前の沖縄へ行って米軍キャンプで英語で歌った。

当時、銀座七丁目のシャンソニエ「銀巴里」の近くに「エポック」というライブハウスを兼ねた喫茶店があった。沖縄から帰った彼女は、元映画女優の島崎雪子が経営するその店の契約歌手となり、丸山(美輪)明宏の前座をつとめた。やがて同じ境遇の新人、上條恒彦、亀渕友香とゆるやかなグループを組んで、ゴスペル、ソウル、ブルースを日本語で歌った。

初のレコードは、上京五年後の六七年二月に出た。小林亜星作曲の演歌だったが、さっぱり売れなかった。浅川マキは演歌歌手失格の烙印を押された。しかし彼女のその後の成功は、シャンソンの味を加えた、いわばあたらしいタイプの演歌によってもたらされたのである。

「七〇年代」の時代精神

転機は六八年十二月だった。十二月十二日から十四日までの三日間、新宿で浅川マキの「ワン・アーティスト・ショー」が行われた。会場は、伊勢丹デパートに近い「アートシアター新宿文化」地下の小劇場「蠍座《さそりざ》」である。夜十時開演、帰りは終電ぎりぎりなのに全夜満員になった。

彼女に自分の生い立ちを語らせつつ歌わせる、という舞台の構成と演出は寺山修司である。マキ自身が作詞作曲した「夜が明けたら」のほか、寺山の詞に山木幸三郎が曲をつけた「かもめ」「ふしあわせという名の猫」などは、このときはじめて歌われた。

寺山はコンサートの最後に、「朝鮮人のおじさん」という副題をつけた自作の歌「ロング・グッドバイ」を歌うようもとめたが、彼女は朝鮮人がわからないと抵抗した。

それは、その年二月、静岡県寸又峡《すまたきょう》の旅館に人質をとって立てこもった在日コリアンの殺人犯、金嬉老《きんきろう》を歌った作品であった。犯行を「民族差別」のゆえと説明した金嬉老にマスコミと「知識人」は同情した。寺山も観念的に共感して、その歌をつくったのだが、浅川マキの反発はそんなにおいを嗅ぎとったからだろう。それでも、寺山の二時間におよぶ説得ののち、彼女は歌った。「蠍座コンサート」を収めたアルバムが発売されたのは、七〇年九月だった。それは「蠍座」での翌六九年大みそかのコンサートの録音だが、そこに「朝鮮人のおじさん」は収録されなかった。

七一年には、新宿・花園神社での六月野外ライブ盤『Ｍａｋｉ Ⅱ』を、七二年には、七一年大みそかの紀伊國屋ホール・ライブを録音したアルバム『ＬＩＶＥ』を出した。この三枚で、浅川マキは七〇年代の時代精神を体現した歌手として遇されるようになった。この頃来日したシャンソン歌手シャルル・アズナブールは、自分が聴いた日本の歌では「かもめ」がいちばんいい、といった。黒ずくめの衣裳で、片時もタバコを手放さなかった彼女がもっとも輝いた時期であった。

最後のステージも完売

八〇年代に入ると、浅川マキはフリージャズの方向へ歩み、本来の持ち味であった、あたらしいタイプの「演歌」からは遠ざかった。初期作品を歌うことを嫌ったので、仕事は減った。最後のアルバムをつくった九八年以降は、年に十日から二十日、仕事をするだけになっていた。

元来ひどい近眼であった彼女は、歩行中に立ち木にぶつかり、左目が網膜剥離した。手術を渋るうち、左目は失明した。健全であった右目も、酷使のためかほとんど見えなくなった。

若い頃、キャバレーのピアノ弾きと大井町の六畳ひと間のアパートで同棲したことはあったが、以後は西新宿のマンションの屋上のプレハブなどで、ひとり暮らしした。最後の住まいは麻布十番のマンションの1LDKだった。その内部は本とレコード、CDであふれ、冷蔵庫はベランダに置かれて、ゴミ屋敷となりかけていた。彼女は「踏みわけ道」を手探りでつたい歩いて、ベッドにたどりついた。

死の前年、二〇〇九年の仕事は、新宿ピット・インでの五日間の「大晦日コンサート」のほか、京都、甲府、名古屋など六ヵ所十八日間だった。

二〇一〇年は、一月十五日から十七日まで名古屋のライブハウス「Lovely」で三日連続の仕事が入った。七十の客席の前売り券、ワンドリンクつき六千円は、三日分すべて売り切れた。時代を共有したかつてのファンに、彼女は永く深く愛されていた。

その三日目、時間になっても浅川マキは現れなかった。関係者がホテルに連絡し、ホテルのスタッフがドア・チェーンを切って部屋に入ると、バスタブの中で浅川マキは亡くなっていた。心不全であった。

七〇年代の音楽仲間とは疎遠になっていたが、ラジオの生放送中に連絡を受けた、つのだ☆ひろは、放送を終えたその足で名古屋へ行った。名古屋のライブハウス関係者のほか、知らせを聞いて駆けつけた古い音楽仲間がふたりそこにいた。金沢の妹は、少し遅れて到着した。

自分のスタイルに殉じる

二〇一〇年三月、新宿ピット・インで、マキの歌を八時間流しっぱなしにした「お別れの会」が催されると、一日中やまぬ小雨の中、千二百人がつどった。

浅川マキは、とても物憂げに抒情歌を歌ったが、そのよくとおる低い美しい声が、きわどく抒情を感傷に転落させなかったのだといえる。やはり彼女は、現代のすぐれた「演歌」歌手であった。

また彼女は、自分のスタイルを守りすぎるほど守る人であった。ぶ厚いつけまつげ、長いストレートヘアと長いスカート、何もかも「蠍座」時代のままだった。

妹によれば「ブスだったけど、手も脚もきれい」だった彼女は、六〇年代後半には超ミニスカートがすばらしく似合った。だが定番の衣裳のせいで、それは一般に知られることなく終った。自らが完成させた浅川マキ像に執着があったのだろう。ポートレートも講談社社員からフリーに転じた田村仁《じん》にしか撮らせなかった。

七〇年代そのものの肉体化のようであった浅川マキの生涯は、満六十八年に十日足りなかった。娘の死から半年後、独身のまま健康を損ねがちな娘を心配しつづけた老母が亡くなった。石川県では知られた川柳作家であった母親は、かつてこんな句を詠んだことがあった。

「子と離れて住む夜　海鳴り止まず」

母と娘の墓は金沢市にある。日本海の海鳴りは聞こえない。

(『ロング・グッドバイ――浅川マキの世界』白夜書房、および山藤章一郎が「週刊ポスト」に掲げた記事を参考にした)

J・D・サリンジャー

〈小説家〉

引きこもり五十六年、晩年四十五年

■ Jerome David Salinger
■ 2010 年 1 月 27 日没(91 歳)
■老衰?

死んだと聞いて、まだ生きていたのか、と思う人がいる。J・D・サリンジャーはその典型的なひとりだ。J・Dはジェローム・デイビッド。

「もし君が、この話をほんとに聞きたいんならだな、まず、僕がどこで生まれたとか、僕のチャチな幼年時代がどんな具合だったとか、僕が生まれる前に両親は何をやってたか、とかなんとか、そんな《デーヴィッド・カパーフィールド》式のくだんない話から聞きたがるかもしれないけどさ、実をいうと僕は、そんなことはしゃべりたくないんだな」(『ライ麦畑でつかまえて』野崎孝訳、一九六四年、白水社)

第二次大戦直後のアメリカ東部の高校生の、こんな日常語で語られる『ライ麦畑でつかまえて』

は、十六歳で寄宿学校を放校になったホールデン・コールフィールドの物語である。ホールデンは、帰りたくない自宅へ帰る前、三日間ニューヨークの街をさまよう。そんな経験を、一年後、十七歳の彼自身が回想して語る。オトナへの批評的視線とオトナの社会への反抗心に満ちたホールデンが、ライ麦畑で「つかまえて」救わなければならないのはコドモたちである。

一九五一年に刊行されたこの作品は一九六〇年代から七〇年代にかけて、文字通り世界を席巻した。二十世紀中に各国語で六千五百万部売れ、現在でも毎年二十五万部ずつ売れているという。

しかし一九六五年以後新作が出ない。塀を高くめぐらせた田舎の家にひっそりと暮らすサリンジャーを狙うパパラッチがときおり出没していたが、やがて噂も聞かなくなった。生きているのか死んでしまったのかわからぬうちに、二〇一〇年一月二十七日の訃報が届いた。マスコミ報道ではない。ネットから漏れてきたのである。

長年一枚しか知られていなかった作家の顔写真は、『ライ麦畑』の四種あるハードカバー版のひとつの裏表紙に大きく掲げられたもので、サリンジャーは三十二歳くらいである。その写真から九十一歳のサリンジャーは、とても想像できない。

諜報部下士官サリンジャー

サリンジャーは一九一九年一月一日、ニューヨークに生まれた。一月一日生まれとは、なにごとも隠したがり人を煙にまきたがる彼の創作ではないかといわれたが、一時叢生《そうせい》したサリンジャー研究家が、それで正しいと判定した。

祖父はポーランド系ユダヤ人、ケンタッキー州ルイヴィルでラビをつとめた人で、父は成功した食品輸入業者であった。アイルランド系の母は、サリンジャーの父との結婚にあたってユダヤ教に改宗し、名前もマリーからミリアムに改めている。

ここに、サリンジャーのアイデンティティの揺れの根源があるとも考えられる。というのは、彼はユダヤ系には違いないが、母親の血統が重んじられるユダヤ社会では完全なユダヤ人としては遇されないからである。そのうえ、父親から二代にわたって「パッシング」、すなわちWASPのふりをして生きてきた経験が、彼の不安定さとかたくなさをもたらした、といえなくもない。

全寮制私立校を退学になったのはホールデンとおなじだが、サリンジャーはその後陸軍幼年学校を卒業した。十八歳から十九歳にかけ、父親の仕事を継ぐための準備として渡欧し、ポーランドの食肉業を学び、家畜の解体を経験した。もともと外国語の才能はあったようだが、ドイツ語とフランス語は通訳ができるレベルまで磨いた。

一九三九年、二十歳でコロンビア大学、ホイット・バーネットの創作教室の聴講生となった。トルーマン・カポーティ、ジョゼフ・ヘラー、ノーマン・メイラーを育てたことで知られるバーネットのもとで三九年、処女短編「若者たち」を書き、四一年にはホールデン・コールフィールドが初めて登場する「マディソン街のはずれの小さな反抗」を書いた。

四二年、二十三歳のとき陸軍に志願入隊した。四四年三月、諜報部隊員として英国に送られ、デボンで六週間の訓練を受けたあと、六月六日、ノルマンディ上陸作戦に参加した。彼が所属した第四師団第十二歩兵連隊に配当された海岸はユタ・ビーチであった。隣接するオマハ・ビーチは、スティーブン・スピルバーグの映画『プライベート・ライアン』でえがかれたごとくの激戦地で、作戦参加将兵の半数が死傷したのだが、ユタ・ビーチでの被害がはるかに軽微で済んだのは、上陸地点が計画から大きくずれてしまったからだった。

八月、解放後のパリでアーネスト・ヘミングウェイと会った。ヘミングウェイはサリンジャーの短編「最後の休暇の最後の日」を読んでほめてくれた。その年の秋から冬にかけて、ドイツ軍の最後の大反攻作戦である「バルジの戦い」にも当面した諜報担当二等軍曹サリンジャーの仕事は、ドイツ語で囚人を尋問してゲシュタポを摘発することであった。

ドイツ降伏後の四五年七月、神経衰弱でニュルンベルクの病院に入院したのは、おそらく解放直後のユダヤ人収容所の信じがたい惨状を目撃したからである。

退院後の十月にサリンジャーはドイツ人女性医師と結婚、十一月、二十六歳で除隊になった。十二月には『ライ麦畑』の原型となる短編「僕は気がヘンだ」を「コリヤーズ」誌に発表、翌年最初の妻と別れた。

注文の多い新人

四九年、コネチカット州ウェストポートに家を借りて『ライ麦畑』の執筆に集中した。翌年完成、原稿を持ち込んだ最初の出版社には、「高校生の話だから」と教科書部門にまわされ、書き直しを要求された。五一年、ようやく原稿は日の目を見たが、サリンジャーがどういう契約を結んだものか、今度は一挙に四社から出版された。編集者は作者の経歴を本に載せたがったが、サリンジャーは経歴も顔写真の掲載も拒否した。新人のくせに注文が多いのである。しかしブック・オブ・ザ・マンス版には、作者三十二歳の写真が裏表紙に大きく載せられ、それは彼のイメージを形成するただ一枚の写真になった。本の評価は賛否ともに極端だった。しかし若い世代に支持されて売れ始め、一九六〇年代以後は世界的ベストセラーとなった。

五三年、それまでに発表していた短編三十編から九編を選んでまとめた『ナイン・ストーリーズ』を刊行した。「エズメに、愛と汚辱をこめて」「笑い男」のほか、のちにサリンジャーが展開することになる〝グラス家サーガ〟の第一作といえる「バナナフィッシュにうってつけの日」などが入っている。

この年、『ライ麦畑でつかまえて』のペーパーバック版がシグネット・ブックスから刊行された。そのペーパーバックの惹き文句には、こうあった。

「この尋常ならざる本は読者には衝撃を与えるかも知れない。この本は、読者を確実に笑わせ、そうして心を砕いてしまうかも知れない。――しかし、読者はこの読書体験を絶対に忘れることはないだろう」

元来書店が極端に少ないアメリカでは、ニューススタンドで安価に売るペーパーバック版が重要な流通商品であった。それを売るためには、煽情的な、また内容を暗示する表紙絵が必要なのである。

シグネット版の表紙絵をかいたのは、業界でも評価の高い画家ジェイムズ・アバティであった。彼は小説をていねいに読んで、赤いハンチングを後ろ前にかぶったホールデンが、スーツケースを手に「ナイトクラブをのぞきこんでいる」後ろ姿をかいた。作中にはホールデンの顔立ちの描写はまったくない。だから後ろ姿なのである。

サリンジャーはこの絵にも不満を隠さなかった。『ライ麦畑』が売れ、『ナイン・ストーリーズ』が高い評価を得たあとは、より強硬な態度に出て、六四年にはシグネット版を絶版にしてペーパーバックとしては異例、表紙絵なしのバンタム版をつくらせた。

八〇年十二月八日、ニューヨークのダコタ・ハウス前でジョン・レノンを射殺したマーク・チャップマンが、レノンとヨーコの乗ったリムジンが到着するのを待つ間、またレノンを射殺してから警察が来るまでの間、彼が読んでいたのは、このバンタム版『ライ麦畑』であった。

三十四歳で「隠遁」

五三年、サリンジャーはニューハンプシャー州のコネチカット川のほとり、コーニッシュの家に隠棲した。当初は原始的生活でライフラインもなかったという。だが地元の高校生とは交流を持ち、学校新聞のインタビューを受けたりもした。ところがその記事が地元紙に掲載されたことに激怒、かたくなな孤立生活に沈潜した。

五五年、ラドクリフ大学の学生であったクレア・ダグラスと結婚して一男一女を得たが、六七年に離婚した。さらにジョイス・メイナードという十八歳の女性と短期間同棲したのち、一九九二年には、七十三歳で三十代前半のナースと、おそらく三回目の結婚をしたという。家の周りに塀をめぐらせて、パパラッチはむろん地元民の視線をも遮断して、たまに著作権侵害の裁判を起こして法廷に姿を現す以外は、文字通り世捨て人のように暮らした。

サリンジャーは、〝グラス家〟七人のきょうだいのうち、末の女の子とその五歳上の兄『フラニーとゾーイー』の物語と『大工よ、屋根の梁を高く上げよ／シーモア――序章』を五五年から五九年にかけて「ニューヨーカー」誌に発表し、それぞれ六一年と六三年に刊行した。シーモアは、一九四八年に三十一歳で死んだことになっているグラス家の長男である。その後、サリンジャーは「ハプワース16、一九二四」(六五年)を書いて、長い、最期までつづく沈黙に入った。

隠遁生活といわれたものの、コーニッシュの町では「ジェリー」と呼ばれて親しまれていたといわれる。教会で毎週土曜日に行われる夕食会に参加していたともいう。とすれば彼は改宗していたのかも知れない。コーニッシュの住民は、サリンジャーの私生活を口外しないという暗黙の約束事を守りとおした。

人生の半分が「晩年」

『ライ麦畑』が野崎孝の訳で白水社から翻訳出版されたのは六四年である。日本でも『ライ麦畑』は「おとなはわかってくれない。わかるわけがない」とつぶやく「青春文学」あるいは「アドレッセンス文学」の代表的作品として遇され、六〇年代から七〇年代にかけてよく売れた。

六八年、おなじ訳者によって『フラニーとゾーイー』が新潮社から刊行されたが、サリンジャーのエージェントから、著者写真はもちろん、本文以外はなにごとも付加してはならないと通告されたので著者紹介も「解説」も本文につけることができなかった。そのため、わざわざ挟み込みの「栞《しおり》」をつくったという。

アメリカでは単行本化を許されていない作品が二十二編あるが、奇妙なことに日本では許されている。これも契約の不可解さゆえだが、結果、これらの作品が読めるのは日本語でのみ、という状況が生まれた。『若者たち　サリンジャー選集2』『倒錯の森　サリンジャー選集3』『ハプワース

16、一九二四　サリンジャー選集別巻1』(いずれも荒地出版社)がそれだ。一方『ライ麦畑』は『キャッチャー・イン・ザ・ライ』のタイトルで二〇〇三年に村上春樹が新訳を出し、『ナイン・ストーリーズ』は二〇〇九年、柴田元幸が新訳で刊行した。

あまりに謎めいた暮らしぶりであったから、六三年デビューのトマス・ピンチョンが、サリンジャーの別名ではないかといわれもした。隠遁生活中もサリンジャーは毎日離れの書斎に通い、タイプライターを叩く音が聞こえたという。それも一種の「都市伝説」であろうか。いずれにしろサリンジャーは、四十六歳で作品の発表をやめて以来、九十一歳で亡くなるまで、長い人生の半分を「晩年」として過ごしたといえる。

作家は死ねば忘れられる。書かなくても忘れられる。ときに書いていても忘れられる。遺族はサリンジャーが多くの原稿を残したというが、今後それが発表されるかどうかわからない。発表されたとして、マニア以外の読者がつくかどうかもわからない。

北林谷栄

生涯、反骨の「おばあさん」

〈女優〉

■きたばやし・たにえ
■2010年4月27日没(98歳)
■肺炎

北林谷栄の本業は新劇女優だが、映画にも多く出演した。『ビルマの竪琴』(一九五六年、市川崑監督)、『キクとイサム』(五九年、今井正監督)、『にあんちゃん』(五九年、今村昌平監督)などで「おばあさん」役を演じたとき、彼女はまだ四十代後半であった。

『ビルマの竪琴』での北林谷栄は、武装解除後英軍の収容所に入れられた日本兵に、柵越しに食べ物を売る現地の老婆の役であった。彼女がしきりに「コーカン、コーカン」と口にするのは兵隊たちの所持品との物々交換をもとめるのである。『キクとイサム』では、アフリカ系米兵と日本人女性との間に生まれた男女二人の子どもを育てる会津盆地の老婆であった。七十歳をすぎて自分の余命は長くないと知り、二人を泣く泣くアメリカに養子として送り出そうとする。

『にあんちゃん』では、北九州の廃山間近の炭鉱町で小金貸しとして生きる在日コリアン一世のおばあさんを演じた。生活力旺盛で強欲なおばあさんは、ときに朝鮮語の罵り言葉を口にし、また朝鮮の子守歌で背負った子どもを眠らせる。撮影前、北林谷栄は在日コリアンの村を訪ねて一世たちのふるまいを観察し、その独特の言葉を聞き、また普段着の韓服を譲ってもらった。そうしてつくり上げた在日一世のリアルなおばあさん像が、小沢昭一演じた一世の青年とともに、在日二世の小学生の女の子の日記を映画化した『にあんちゃん』を今村昌平の代表作とし、また歴史に残したのである。

「反骨」を生んだ記憶と体験

北林谷栄は一九一一(明治四十四)年、東京銀座、資生堂パーラーの真向かいにあった大きな洋酒販売業安藤家の長女として生まれた。本名安藤令子、江戸情緒とモダニズムのハイブリッドであった銀座の娘であった。父は慶応とサンフランシスコの大学で学んだ人だが、商科専攻にもかかわらず商売には不向き、かつ不熱心だった。虎ノ門の女学館の美人で知られた女性を口説き落として結婚したにもかかわらず、女性関係は絶えず、母は北林谷栄が生まれると間もなく家を出て、じきに病を得て亡くなった。

芸事好きの祖父母とともに寄席や劇場になじんだ北林谷栄だが、小学校三年生のとき、学校が火事にあった小学校校長が「御真影」を焼いてしまったことを苦にして自殺したと聞き、それは間違っている、と憤慨した。彼女の生涯をつらぬいた世の中の不合理、根拠のない決め事への反発の最初のあらわれであった。

大正末期に実家は傾き、店は銀行にとられた。歌舞伎座前に越して山脇高等女学校に入学した年の九月一日、関東大震災に遭遇した。数寄屋橋側から迫ってきたすさまじい火の勢いに、避難民とともに海岸方向に逃げたが、浜離宮の塀にさえぎられた。このままでは焼け死ぬと思われたとき、警官のひとりが門扉を乗り越えて浜離宮に入り、中から閂《かんぬき》をはずした。避難民は浜離宮になだれこんで助かった。しかし鎮火後、その勇敢な警官が土足で浜離宮の門を越えた「不敬」罪で捕まったと聞き、北林谷栄は怒りを覚えた。

さらに数日後、路傍に放置された朝鮮人の遺体を見た。朝鮮人が井戸に毒を入れ、暴動を起こすという流言を信じた在郷軍人らに竹槍で突き殺されたのである。震災後間もなく千駄ヶ谷を歩いていた十九歳の伊藤圀夫《くにお》青年が、吃音のため朝鮮人と思われて殺されかけ、以来彼はこの事件を忘れぬために、芸名を「千田是也(千駄ヶ谷のコリアン)」としたのだが、北林谷栄の「反骨」、「反権力」そして「反ポピュリズム」は、御真影を焼いて自殺した校長先生と、震災下に殺された朝鮮人の遺体の記憶がもたらした。

北林谷栄は女学校卒業と相前後して肺尖カタルを患い、亡母の弟の田園調布の家で二年間療養した。もともと人間観察とその描写に自信のあった彼女が、築地小劇場の後身、築地座の芝居を見て俳優をめざすのは一九三一年、病気が回復した二十歳のときである。

「モガ」が銀座通りを闊歩し、円本によって文学が安価になり、プロレタリア文学は隆盛、新劇を志す良家の子女が出現する、そんな昭和初年、彼女は創作座の研究生となり、三五年には主役を演じもしたが、ホームドラマ路線を歩む劇団に飽き足らず、三六年、左翼系の新協劇団に移った。推薦したのは、創作座公演で彼女の演技を見た三歳下の宇野重吉と一歳上の信欣三《しんきんぞう》であった。この年彼女はゴーリキー作『どん底』の舞台で、滝沢修、宇野重吉、小沢栄太郎と共演した。だが四〇年、劇団は解散させられた。四二年には宇野重吉、信欣三と政治色を抜いた移動劇団を結成し、このとき宇野に勧められて宇野の母親役を三十一歳で演じて「おばあさん」デビューを果たした。

八十歳で主演女優賞

五〇年、彼女は滝沢修、宇野重吉らと「劇団民藝」の結成に参加した。

民藝は劇団経営を安定させるため、一九五四年、戦後の映画製作会社としてはもっとも遅い出発で俳優不足に苦しむ日活と契約した。若いスターは日活が育て、脇役は民藝の達者な俳優で固めるのである。宇野重吉、清水将夫らは石原裕次郎、吉永小百合らの作品の脇役として多くの日活映画に出演し、北林谷栄も「おばあさん」役の需要にこたえた。

六十九歳でロンドンに半年間演劇を勉強しに行くなど、実際にも元気なおばあさんとなっていた北林谷栄だが、『となりのトトロ』でカンタのおばあさんの声を担当した翌年の一九八九年、七十八歳のときアメリカ・オレゴン州でのドラマ撮影中に倒れた。脳動脈瘤破裂であった。しかし現地の病院の手当が適切で一命をとりとめた。

米軍下士官と結婚してケンタッキーに住む従妹に四十何年ぶりかで会おうと決意したのは九三年、八十二歳のときである。一人で旅するのは問題ないが、アメリカの大きな空港の複雑な乗り換えが不安だったので、旅行会社にデトロイト空港内だけのガイドを頼んだ。

約束した場所に待っていたのは日本語の達者な白人青年で、彼は「ミセス・アンドウでいらっしゃいますか？」といった。その彼が、まじまじと彼女の顔を見て、声をあげた。「あなたは『大誘拐』のキタバヤシタニエさんですね？」。そうです、とこたえると、青年の顔は輝いた。

生涯、反骨の「おばあさん」

京都に留学していた彼は、『大誘拐』が大好きで四回も見た、そのあとビデオテープを借りてまた見た、あれは傑作です、といった。

天藤真《てんどうしん》の小説『大誘拐』を岡本喜八が映画化した『大誘拐 RAINBOW KIDS』(一九九一年)で北林谷栄が演じたのは紀州の山林大地主、八十二歳の柳川とし子刀自《とじ》であった。

ある日、彼女はお金目当ての三人組の青年に誘拐されるのだが、物語は奇妙な展開を見せる。被害者である彼女が犯人たちに、自分の身代金が五千万円では沽券《こけん》にかかわる、百億円にしなさい、などと法外なことをいい出す。それからは、被害者のおばあさんが加害者の三人に身代金を受け取る場所と方法を指示して、大がかりな誘拐事件を演出することになる。警察を翻弄するのは彼女のたのしみだが、巨大な山林を抵当にいれて銀行から融資を受けさせるのには意図があった。

作家の天藤真は東京帝大を出て通信社につとめたが、三十歳で迎えた終戦後、千葉で開拓農民となった。小説を書き始めたのは三十代も終る頃で、ミステリー作家としては寡作だった。明るくユーモアある作風の彼は、八三年、六十七歳で亡くなったが、『大誘拐』(七八年)はその代表作で、週刊文春ミステリーベスト10の二十世紀国内部門で一位となっている。映画『大誘拐』は、脚本・監督の岡本喜八がその持ち味「軽み」を十分に生かした作品で、北林谷栄演じる品がよくて知恵がまわるおばあさんは痛快な存在であった。八十歳の彼女はこの作品で日本アカデミー賞最優秀主演女優賞を得たが、『キクとイサム』以来の主演女優賞であった。

ケンタッキーからの帰途、再びデトロイト空港に着くと、例の青年が待っていた。頼んではいなかったのに、自分で日本の旅行代理店に問い合せ、彼女のスケジュールを調べたのだという。学業も優秀だったその映画好きの青年は、「おばあさんスター」北林谷栄との再会を心から待ち望んでいたようであった。

二〇〇二年、九十歳をすぎた北林谷栄は小泉堯史《たかし》監督の映画『阿弥陀堂だより』に出演した。盟友宇野重吉はすでに一九八八年、七十三歳で亡くなっていたが、その息子寺尾聰《あきら》の主演と聞き、無理を押して出たのである。

翌〇三年、世田谷パブリックシアターで催された彼女の九十三歳を祝う舞台への出演を最後に公けの場から身を引き、七年後の二〇一〇年四月二十七日、肺炎で亡くなった。大正の娘にしてその生涯を「反骨」でつらぬいた北林谷栄は、女優としては長岡輝子の百二歳に次ぐ九十八歳十一ヵ月の長命を保った。

梅棹忠夫

「大工」と「極地探検家」にはなりそこねた人

〈生態学者、民族学者、文化人類学者〉

■うめさお・ただお
■2010年7月3日没(90歳)
■老衰

「知の巨人」といわれた梅棹忠夫には、使用済み封筒を集める趣味があった。切手ではなく消印が重要なのである。

彼がもっとも自慢したのは、一九五七(昭和三十二)年一月三十日付、地名「プリンス・ハラルド」、局名「宗谷」という消印つきの封筒であった。「プリンス・ハラルド」は日本の第一次南極観測隊の上陸地点、日付は上陸翌日、局名は観測船「宗谷」内の臨時郵便局をしめす。梅棹忠夫は、あらかじめ切手を貼った封筒を南極に向かう「宗谷」に託し、船内臨時郵便局開設の初日スタンプを現地で押してもらったのである。

国民の悲願を託した「宗谷」

その一年半前の五五年九月、ブリュッセルで第二回「南極会議」が開かれた。白人国ばかりの会議に東京大学永田武教授はあえて乗り込み、五七年から五八年に予定され、南極観測を主眼とした「国際地球観測年」事業への日本の参加を強くもとめた。

会議場の空気は敗戦国に冷たかった。英国とオーストラリアは、日本に世界参加の資格なし、とまでいった。それでも永田武は、二〇世紀初めの白瀬隊の探検実績を語って粘った。結局、会議最終日に日本参加の是非が再討議されることになった。議論は紛糾したがアメリカとソ連が賛成にまわり、かろうじて参加が承認された。しかし、日本に配当された研究フィールド「プリンス・ハラルド」海岸は、南極地図上まったくの空白地帯だった。

一九五五年十一月、日本の観測隊派遣は閣議決定された。だが遠征資金はまったく不足していた。一九一一(明治四十四)年、白瀬矗《のぶ》予備役陸軍中尉が組織した南極探検隊を後援した朝日新聞社が一億円提供を申し出、同時に紙上で寄付を募った。すると小中学生をはじめ全国から一億四千五百万円が寄せられた。「世界再参加」は国民の悲願だった。

しかし観測船の新造には、資金も時間もまったく足りない。そこで海上保安庁の灯台補給船「宗谷」を流用することにした。「宗谷」は、カムチャツカ沿岸で使用するつもりのソ連からの注文で建造され、三八年に進水した耐氷型貨物船であった。しかし日ソ関係悪化のためソ連には渡されず、千島通いの貨物船を経て海軍に買い上げられ、四〇年に測量用特務艦となった。特務艦には海峡名を付けるのが海軍の慣行だったので、このとき「宗谷」と命名された。

四三年一月、南方で就役中の「宗谷」に米潜水艦の魚雷が命中したが、不発だった。逆に爆雷を投下して潜水艦を沈めた。特務艦としては破格の戦果である。四四年二月には、トラック島泊地で多数の艦船とともに米軍機の大空襲を受けたが、ただ一隻生き残った。

終戦後は四八年十一月まで南方と大陸からの引揚げ業務に従事、四九年に海上保安庁の所属となって灯台補給船として働いた。強運ではあったものの老朽船に違いなく、二重外板などをほどこして間に合せの極地観測船としたのである。

ペンギンと「世界復帰」

越冬隊員十一名、橇《そり》曳き樺太犬《からふといぬ》十九頭、雪上車四台、それにカナリア二羽、永田武観測隊長の名前から命名された「たけし」というオスの三毛ネコを、東オングル島に建設した昭和基地に残した「宗谷」は、五七年二月十五日、帰途についた。この越冬隊は事前に承認されたものではなかった。わずかな期間の夏観測では実質的研究にはならないとした日本隊が、非公式に組織していたのである。越冬隊長は京都大学の西堀栄三郎、「雪山賛歌」の作詞者として知られた人である。

砕氷能力がまったく不足した「宗谷」は南極海の例年より早い結氷に閉じこめられたが、なんとかソ連砕氷船の助力で脱出、ケープタウン、シンガポールを経て五七年四月二十四日、東京港に帰着した。郵便物も「宗谷」とともに東京に帰り、国内局経由で京都の梅棹宅に配達された。

この五七年、郵政省は一羽のアデリー・ペンギンと「宗谷」をデザインした国際地球観測年記念切手を発行した。それが「切手ブーム」を呼んだのは、日本の子どもたちがペンギンと「宗谷」を日本の「世界復帰」のしるしと考えたからだった。

「宗谷」接岸中に船と人を見にきたペンギンがモデルであった。乗組員がたわむれに「見学者御席」と書いた木札を立てると、彼らはその前に群がって飽かず「宗谷」を眺めるのだった。日本人のペンギン好きはこのときに始まったのだと思う。集団的記憶が世代を超えて受け継がれた「趣味の遺伝」といえるが、それは「戦後」時代の「希望」の伝達でもあった。

痛恨の決断

翌五八年の南極の夏の終わりも早かった。越冬隊の交代をもくろんだ「宗谷」は再び氷につかまった。第一次越冬隊員、カナリアと「たけし」、それに南極生まれの仔イヌ八頭とその母イヌ「シロ子」はヘリコプターで運ばれた。「宗谷」はアメリカ砕氷船の助けで氷海を脱出したが、極端な悪天候のため第二次越冬隊上陸はあきらめざるを得ず、十五頭の樺太犬は昭和基地に残置された。痛恨の決断であった。

五九年一月、第三次隊が到着したとき、痩せこけた二頭のイヌが氷上にいて、疑わしげな態度で彼らを見ていた。イヌ係だった隊員が、顔かたちの面影から「タロ」「ジロ」と呼びかけると反応があった。無人の基地につながれていたロープを脱した二頭は、アザラシの糞やクジラの死骸を食べながら一年間生存していたのである。他のイヌたちは、鎖から脱することができずに、または脱しても捕食行動中の事故で死んでいた。

タロは四次隊とともに昭和基地ですごして、六一年五月、四年半ぶりに帰国し、七〇年八月、十四歳七ヵ月の天寿をまっとうした。ジロは六〇年七月、昭和基地で病死した。五歳であった。

九一年、「環境保護に関する南極条約議定書」によってすべての動物の持ち込みが禁止されたが、それよりはるか以前、犬橇はスノーモービルにとってかわられ、樺太犬は南極から姿を消していた。ネコの「たけし」は西堀越冬隊長の家で暮らしていたが、帰国一年後に姿を消した。隊員たちは「昭和基地に帰ったのだろう」と噂した。

「妄想」が「計画」になる

二〇一一年、すなわち梅棹忠夫が没した翌年、『裏がえしの自伝』が文庫化され、同時に『行為と妄想』が再刊された。

どちらも自伝だが、「外伝」というべき『裏がえしの自伝』は、「大工」を筆頭に「極地探検家」「芸術家」「映画製作者」「スポーツマン」「プレイボーイ」と、彼が「なれなかったもの」をならべて章立てしてある。この本は一九八四年に着手されたが、梅棹忠夫が中国陝西省でもらってきたウイルスで八六年に失明すると、九〇年から九一年にかけて口述された。

梅棹の曽祖父は琵琶湖北岸菅浦《すがうら》出身の大工の棟梁で、京都で修業した人であった。その資質を受けついだはずなのに大工にはなれなかった梅棹忠夫は、旧制京都一中四年修了で三高に進んだ。そこでは山岳部の「探検隊見習士官」活動に熱中、朝鮮の白頭山で第二松花江の源流を発見したが、二度落第して放校されそうになった。しかし同級生らの請願であやうく助かった。また彼が樺太の敷香《しすか》北方、多来加《たらいか》湖で犬橇の冬季訓練を行ったのは、近い将来必ず実行されるだろう「極地探検」の準備であった。

一方「正伝」にあたる『行為と妄想』は九六年、七十五歳のとき日本経済新聞に連載された「私の履歴書」を基礎稿に、やはり口述で完成、九七年に刊行された。

この本で梅棹忠夫はこのように語っている。

「行為」に先行するのは「妄想」である。その、とんでもない「妄想」にかたちを与えると「計画」になる。そして「探検経営学」にのっとった膨大な事務仕事の末に「実現可能な計画」が生まれ、それに連接するものとして「行為」がある。

「中洋」を体感

京都帝大理学部から京大院に進んだ梅棹忠夫は、四四年、中国・張家口《ちょうかこう》の西北研究所に所属して内モンゴルの遊牧民を研究した。

翌年敗戦。四六年、二十六歳で帰国して四九年に大阪市立大学理工学部助教授に就任したが、大阪・住吉までの長い通勤時間をかえりみず京都に住みつづけた。

五五年、京都大学を中心に組織された、敗戦国として最初、かつ本格的な「カラコルム・ヒンズークシ」学術探検隊に参加した。アフガニスタンで梅棹忠夫は、中世モンゴル語を保存する大元帝国子孫の部族を発見し、帰国後『モゴール族探検記』(岩波新書)を書いた。破格の観客動員を誇った記録映画『カラコルム』の制作にも協力した。

アフガニスタンからの帰途、外国人研究者たちとインド亜大陸を自動車で横断した。この旅で「西洋」でも「東洋」でもない、いわば「中洋」を体感して、従来の「西洋と東洋の対立」という教養的常識を強く疑う契機とした。

「中洋」とはユーラシア中央部の広大な乾燥地帯・遊牧地帯である。そこでは遊牧民が暴力的な大移動を繰り返し、その結果、破壊と復興の際限ない連環が生じる。

大陸の極西辺境であるヨーロッパと英国、および極東辺境のさらに海中にある日本を「第一地域」とすれば、ユーラシアの大部分は「第二地域」、すなわち「中洋」である。

この「第二地域」では早くから中国やイスラムの巨大帝国が成立したが、それら帝国は、つねに高度な武力を持った乾燥地帯の遊牧民に脅かされる。その防備負担のために専制政治以外の体制はとれず、したがってブルジョワは育たず、資本制は定着しなかった。そのため「第一地域」に成立した近代列強によって植民地化されやすかった。世界大戦後には独立の機運が起きるが、つねに革命・内戦などをともなうそれも、瓦解・再建の反復を宿命とする「第二地域文明」の「生態」といえた。

一方、辺境の「第一地域」では遊牧民による破壊の被害が少なく、やがて「第二地域」の文明を吸収しながら封建制を成立させた。その封建制の発展段階でブルジョワが育ち、資本主義体制へと移行することができた。その移行途中に起ったのが、宗教改革、ギルドと自由都市の出現、植民地獲得競争と海外貿易の発展、そして農民一揆などの権力への反抗であった。

日本はユーラシア大陸極東の海中にあったから遊牧民の破壊的エネルギーから自由で、小ぶりな閉鎖系とはいえ独自文明の名に値するものを生み出し得た——

日本人全体に発想の大転換を促した梅棹忠男のこのような考えは、五五年の「中洋横断」の旅に胚胎し、「中央公論」五七年二月号に掲げられた「文明の生態史観序説」として初めて発表された。それはさらに敷衍《ふえん》されて、六七年『文明の生態史観』の表題で刊行された。

「アジア」という実体は存在しない

「気にいらない言葉のひとつに〝アジア的連帯〟があります」、「アジアという実体は存在しないのです」という梅棹忠夫の発言は、九四年十二月の司馬遼太郎との対談の席で発せられた。「島国根性」はたしかに日本人の特徴だといえる。だがそれは暴力と破壊の歴史がもたらした防衛的反応、「不信と保身」を特徴とする「大陸根性」の対極であるともいえる。

江戸期に成熟を見た日本型封建制こそ「日本文明」の完成形であるとした梅棹忠夫の発想は、「封建時代イコール悪」という通念と「アジア的連帯」というフィクションに酔うがごとくであった戦後的流行をさわやかに破った。そうして、たとえば司馬遼太郎『街道をゆく』の方法に深い影響を与えたのである。

今西錦司の生態学と遷移理論に影響を受け、その弟子を自称した梅棹忠夫だが「万年助教授」であった大阪市大から京大に移ったのは六五年、四十五歳のときであった。理学博士であったのに所属先は人文研で、このとき彼ははっきり「文転」した。

「探検」と「学問」を結びつけた彼が初めてヨーロッパの土を踏んだのはその前年、六四年であった。「ヨーロッパ」もまた「探検」の対象だと梅棹は提唱した。それは日本人が知っていると思いこむヨーロッパは一部大都市の、それも上澄みにすぎない、ヨーロッパの地方や山岳部に「柳田学」の応用を試みたらどうなるかという「妄想」から発した「計画」であった。その成果は、たとえば谷泰《ゆたか》の『牧夫フランチェスコの一日——イタリア中部山村生活誌』などにあらわれた。

汎神論の風土に生きて、自らを「アニミスト」と自信を持って称した梅棹忠夫は、「大工」にも「極地探検家」にもなれなかったが、「戦前」という時代の厚みと、「戦後」という時代の若さを統合し、かつどちらの時代の流行にも流されることがなかった。「知の巨人」の名に値する仕事を残した彼は、九十歳の二〇一〇年、老衰で亡くなった。

つかこうへい

「祖国」?

〈劇作家、演出家、作家〉

■つか・こうへい
■ 2010年7月10日没(62歳)
■肺がん

劇作家・演出家・作家のつかこうへいが初めて韓国を訪れたのは一九八七年であった。日本で声価の高い舞台『熱海殺人事件』の韓国版を現地でつくるというリクエストにこたえて、まず四月にソウルへ行った。翌八八年のソウル・オリンピックを控え、中進国から先進国段階に入りつつある韓国は「スクラップ・アンド・ビルド」のあわただしさのただ中にあった。九月に再度訪韓して稽古に入り、十一月の公演にこぎつけた。史上最年少の二十五歳で岸田國士戯曲賞を受けたつかこうへいは、このとき三十九歳であった。

以下は、おもに『娘に語る祖国』(一九九〇年)による。

八七年春の最初の訪韓時、機中で隣り合せた年配の在日コリアンの乗客から、「ケンチャナヨ」

という韓国語には注意しなさい、といわれたという。それは一般に、「構わない」「気にしない」「大丈夫」と相手をおもんぱかる意で使われるが、その在日実業家は、この言葉は韓国人自身がなんらかの失敗をしたとき、「(あなたは)構わないよね」「気にしないよね」「大丈夫だよね」と発語者自身を弁護、正当化するときにも使われる、と注意を促した。

さらにその人は、つかに日本へ「帰化」するつもりはないか、と尋ねた。例のごとくの「祖国愛」にからむ質問かと思えば、そうではなかった。あなたが帰化すれば、あなたを目標にしている若い在日コリアンも「祖国」の呪縛から解かれてあとにつづくだろう、というのだった。つかこうへいは、それまで興味を持たなかった、あるいは持たぬようにつとめてきた「祖国」との関係にあらたな視点を得た思いであった。

韓国人の「在日」差別

当時、韓国人一般の在日コリアンに対する興味は、日本に「帰化」したかしないかということであった。なぜ帰化しないかと問われて、つかこうへいは『娘に語る祖国』のなかで、このようにこたえている。

「パパは、在日韓国人二世としての筋を通しているだけなのです。血だの、民族の誇りだのなんてことを、男が言っていられますか。パパには、もっと大切なお仕事があるのです」

やがてソウルに到着した飛行機には、日本でつかを取材していた韓国のテレビ制作会社のクルーも同乗していた。入国手続きを終え、税関で係官がつかに訪韓の目的を尋ねた。「観光」とこたえると、「なんで祖国の言葉がしゃべれないんだ」と居丈高である。「だから、おまえら在日韓国人はダメなんだ」「パンチョッパリ！」と過剰に攻撃的でもあった。その光景を韓国のテレビクルーは、取りなすでもなく撮影しつづけた。

「パンチョッパリ」とは「半分豚の足」、日本人は布靴ゴム靴ではなく鼻緒のある下駄や草履を履くから足の親指だけが大きく離れて「チョッパリ(豚の足)」のようだ、と韓国人は蔑視した。そして在日コリアンは「パン(半分)」豚の足だから「パンチョッパリ」と差別するのである。

怒り心頭に発したつかこうへいは、韓国のテレビ制作会社の車を拒絶、タクシーに乗った。自動車レースのような運転で、至るところ工事中の街区を疾走した。すると突然サイレンが鳴りわたり、人通りが絶えた。タクシーも停止した。たまたまその日は十五日で、北朝鮮の攻撃に備える月に一度の「民間防衛訓練」の日だったのである。そんな街の写真を記念にと撮った同行の日本人は、拘引されそうになった。

つかの母親がひとり住むソウル市内の家に着くと、韓国のテレビ制作会社のクルーがすでに到着していて、酒など飲んでいるのには驚いた。税関の居丈高な男までまじっている。テレビのスタッフは、「あのほうがいい画《え》がとれると思って。まっ、一杯いきましょう」などとつかにいうのである。

ただし、これらのできごとがそのまま事実であったとは思わない方がよさそうだ。事実を膨らませて「真実」に近づこうとする彼の方法、その骨がらみの「演劇性」にこそ注目すべきだろう。

永らく九州で暮らした母親は、一九八〇年頃韓国に帰国していた。その母親の帰国の理由を、つかは「望郷の念やみがたく」と公式には語っていた。しかし実際は、七〇年代末に豪快かつプラグマチックな性格で商売上手であったつかの父親がまだ五十代の若さで亡くなり、そのあと母親は長男一家と同居していたが、「長男の嫁さん」との折り合いが悪くなったせいだという。

「口立て」の脚本と演出

つかこうへいは一九四八年、福岡県嘉穂《かほ》町に生まれた。父金泰烈、母黄命妊、在日韓国人二世で次男、日本名は金原峰雄《かねはらみねお》、韓国名は金峰雄《キムポンウン》といった。父母はおそらく一九三〇年代に渡日した一世で、『娘に語る祖国』にしばしば出てくるような「強制連行」(徴用)ではない。

地元の高校を卒業、浪人して慶応大学文学部哲学科に入った。学内の劇団で活動したのち、早稲田大学の劇団で自作戯曲を演出する機会を得た。一日十時間以上もつづく激しい稽古のうちに、つか独特の作劇術と演出方法を確立した。それは、稽古期間中に役者の変化と成長を見て、セリフをその場でかえてしまうという過激かつ実験的な手法であった。役者は、つかが書き換えたセリフをその場で覚えるのである。

「口立て」と呼ばれるやり方で、セリフは芝居の公演中でさえ日ごとに変化した。そのため、芝居そのものが初日と千秋楽では大いに違ったから、つかこうへいの芝居はひと公演で少なくとも二回は見なくてはならないといわれた。そんな芝居の作り方は、新劇に対してはあからさまに挑戦的であったが、つかの故郷北九州で盛んな大衆演劇では、むしろ正統的方法であった。

どう演じたらいいかわからない、と悩む役者には、「才能もないヤツが演じようなんて考えなくていい。悩むくらいなら役者やめろ。明日から来なくていい」と罵声を投げつけて自尊心を傷つけたから、つかにしごかれた平田満、三浦洋一、風間杜夫といった役者たちは、つかを尊敬しつつ憎んだ。しかし同時に彼は、「作家は芝居の四割しか書けない。あとの六割は役者が書かせる」といって、緊張状態の持続による役者の変化と成長を期待した。

つかこうへいというペンネームは、在日韓国人が日本社会で「い・つかこうへい」に扱われたいという願望のあらわれだと本人がいったことがあるが、これも彼のサービス精神、あるいは「演劇性」のしからしめたところだろう。別の場所では『青春の墓標』の著者、奥浩平《おくこうへい》の名前から借りたといっている。横浜市大生で反代々木系セクトに参加していた奥浩平は、「闘争」に疲労し、また敵対するセクトに所属する女子学生との恋愛の不可能性に絶望して、六五年、二十一歳で自死した。ペンネームを全部ひらがなにしたのは、ひらがなしか読めない母親にもわかるように、との配慮だったという。結局、プロよりも多忙な演劇活動を行ううち、大学は中退することになった。

一九七〇年代後半、現代演劇は「つか以前」と「つか以後」に分けられるといわれたが、『いつも心に太陽を』『熱海殺人事件』『蒲田行進曲』を連続公演した劇団「つかこうへい事務所」として八一年に紀伊國屋演劇賞団体賞を、八二年には小説『蒲田行進曲』で直木賞を受けた。

八三年、三十五歳のとき、十五歳年少の元つか劇団の女優・生駒直子と再婚、八五年十二月、ひとり娘を得て、父親峰雄の「み」と母親直子の「な」をあわせ「みな子」と命名した。つかが在日韓国人二世であることはすでに広く知られており、母親は娘とともに韓国籍に入るつもりでいたのだが、彼は娘を日本籍に、母親も日本籍のままとする道を選んだ。これは当時、在日コリアンの選択としては絶対的多数派となりつつあった。

一九八七年の韓国行きのとき、娘みな子はまだ満一歳であったが、その娘に語りかけるスタイルで、九〇年、四十二歳で、韓国での芝居制作と演出の体験、および「在日コリアン」日本語作家としての生き方を書いた『娘に語る祖国』を刊行した。それは、意図して軽く見せているものの、持ち重りする本であった。

韓国公演でぶつかった「自尊心」の壁

つかはその本で、自分の韓国と韓国語への知識のなさを強調している。

挨拶ことばを「アンニャンハスミニカ」だと書いたのは、おそらく意図した誤記であろう。しかし、つかの父親の血筋は「金銘《きんめい》金賀《きんが》」で由緒正しい、という記述はどうか。五百万人以上といわれる巨大氏族の「金海(きんかい＝キメ)金氏(金家)」の意と思うが、こちらは誤解をそのまま記したようだ。彼にとって、それくらい韓国は遠い存在だったということだろう。

韓国版『熱海殺人事件』は、在日コリアンの刑事がソウル警察にいる腹違いの兄を頼って留学する、という設定だ。その過程で韓国人女性刑事(金知《キムジ》淑《スク》)の美しさに感動し、理念などではない、彼女の美しさこそが「祖国」だと感得して日本に帰るというストーリーなのだが、八七年秋にソウルで始まったその稽古は、必ずしも円満・順調に進んだわけでなかった。

貧弱かつ「かわいい」韓国語をまじえながらであっても、日本でとおなじように、情熱的・攻撃的な演出を実行するつかこうへいは、韓国人には文化ショックであった。在日コリアンはまさに「外国人」であった。そしてその演出方法と「口立て」は、役者たちの困惑を誘った。

つかの真率さと実力を認めながらも上演戯曲に対する反感を育てたのは、つかについた本業は詩人である通訳の男性であった。朝鮮戦争の離散家族で、北朝鮮の共産主義を烈しく嫌悪していた彼は、同時に「自尊心」に満ちた愛国者でもあった。そんな彼は、芝居のセリフとはいえ、ソウルの街を「汚い」と形容し、ソウルの水商売の女性を登場させる芝居にがまんできなかった。

政府の文化公報部もまたいらだったようで、タイトルに「殺人」という単語は好ましからずと『熱い海』にかえさせ、舞台がソウルであることも適当ではないと表明していたのだが、公演十二日前という段階で韓国側プロデューサーが文化公報部長官の立場を斟酌《しんしゃく》した末に中止を決定した。やはり「自尊心の壁」は厚く高かったということか。

つかこうへいは稽古場で無料で上演するという折衷案を斥け、芝居の舞台を東京に移して一から作り直すことにした。役者は大胆なセリフの変更で、さらに過重な負担をもとめられる。事実上の「新作」となるため、美術、照明、音楽のスタッフを急遽東京から呼んで奇跡のように間に合せた。日本語で書き、日本語で演出する在日コリアン作家の意地であろう。

「祖国」は家族

『熱海殺人事件・韓国版』で在日コリアンの姜刑事は、物語のラストでソウル警察の女性刑事・金知淑にこういう。

〈姜刑事「そのとき、私はわかったのです。金刑事、祖国とはあなたの美しさのことです。愛国心とは、あなたをいとおしく思う意志のことです。金刑事、私も男です。女に遅れをとったまま日本に帰ることはできません。テッコンドーもう一度、お手合わせを願います」〉

日本帰国にあたって姜刑事は腹違いの兄、全部長に自分の心情を語る。

〈姜刑事「私は日本で育った自分に対し、誇りを持っております。私のようなものをここまで育んでくれた日本に礼をもって返すのが、人間の筋だと思われます」

全部長「祖国を捨てるのか」
姜刑事「……」
全部長「連れて行かないのか」
姜刑事「なに……!?」
全部長「おまえは言ってたはずだ。祖国とは、彼女の美しさだと。愛国心とは、彼女をいとおしく思う意志のことだと」〉
舞台下手に旅行かばんを持って赤いチマチョゴリを着た金知淑が立ち、微笑む。

一方『娘に語る祖国』のラストは、以下のようだ。

「みな子よ、きっと祖国とは、おまえの美しさのことです。／ママの二心《ふたごころ》のないやさしさのことです。／パパがママを愛しく思う、その熱《あつ》さの中に国はあるのです。／二人がおまえをかけがえなく思うまなざしの中に、祖国はあるのです」

「祖国」とは面倒な存在だが、つかこうへいはそれをナショナリズムではなく家族愛の中に見ようとした。

一九九四年、四十五歳になったつかこうへいは、東京都北区のバックアップを受けて「★☆北区つかこうへい劇団」を創設した。九五年、大分市と協力してつくった「大分市つかこうへい劇団」

は、九九年四月、金大中政権による日本文化開放の一環として、ソウルで『熱海殺人事件・売春捜査官』を韓国初の日本語公演として行った。

彼の戯曲は何度も再演されたが、そのたびにキャストや設定を変え、新しいテーマが盛り込まれた。とくに『熱海殺人事件』は「変化・成長」する戯曲の代表的存在で、『ザ・ロンゲスト・スプリング』『モンテカルロ・イリュージョン』『売春捜査官』『サイコパス』『平壌から来た女刑事』など多くのバージョンを持つ。

「対馬海峡あたりで散骨を」

つかこうへいが、ステージの進んだ肺がんで余命半年と診断されたのは二〇〇九年九月である。

彼は抗がん剤治療を受ける病床で二〇一〇年二月三日初日の舞台『飛龍伝2010 ラストプリンセス』の稽古をビデオで見て、出演者たちの演技指導を電話で行った。『飛龍伝』のヒロインは富田靖子に始まり、牧瀬里穂、石田ひかり、内田有紀、広末涼子とつづいて、二〇一〇年は黒木メイサであった。病の公表は二〇一〇年一月二十五日、事務所を通じてのファクスでなされた。そこには「キャスティングなど、すべて決まった後の肺ガンの告知でございましたので、まことに辛うございました」とあった。

やがて千葉県鴨川のホスピスに転院し、一時退院で自宅に戻っていた二〇一〇年元日に遺書は書かれたという。

それは、「友人、知人の皆様、つかこうへいでございます。思えば恥の多い人生でございました」と書き出され、通夜、葬儀、お別れの会等の謝絶の言葉のあと、「しばらくしたら、娘に日本と韓国の間、対馬海峡あたりで散骨してもらおうと思っています。今までの過分なる御厚意、本当にありがとうございます」と結ばれた遺書であった。

その「娘」は長じて宝塚歌劇団に入り、愛原実花《みか》の芸名で雪組娘役のトップとなった。二〇一〇年七月十日、父親は医師の見立てより三ヵ月ほど長く生き、六十二歳で亡くなったが、その最期には、彼女自身が二十四歳での退団公演のさなかであったため立ちあうことができなかった。

石井好子

「おフランス」ではなかったシャンソン歌手

〈シャンソン歌手、エッセイスト〉

■いしい・よしこ
■ 2010年7月17日没(87歳)
■肝不全

一九五四(昭和二十九)年十二月、インド洋回りの貨客船でフランスから帰国した石井好子は、翌五五年一月、雑誌「俳優座」(六号)のインタビューを受けた。聞き手は俳優座幹部俳優の小沢栄(のち栄太郎)。石井好子は、このとき三十二歳であった。サンフランシスコに一年半音楽留学した帰途、ひと月だけパリに寄って帰国するつもりだったが、結局滞在三年におよんだ。この間、彼女はパリでプロの歌手として収入を得て生活していた。

石井好子は語る。

「(パリで歌手の)仕事はあってもその仕事が続いてあるかどうかわからないでしょう。何時も次の仕事があるかどうか考えていなくてはいけない。それがいやで(レビュー劇場の)一年の契約をとったので一年の生活は保証されています。けれども三六五日唄わされているのよ。昼間は何もなくて、夜の十時から朝の三時まで」

パリの歌手は眠らない

モンマルトル、ピガール広場に面した「ナチュリスト」のオーディションを受けて合格した彼女は、五三年五月二日から一年間、レビュー出演の契約を結んだ。

「ナチュリスト」とは「ヌーディスト」の意もあり、石井好子は「世界一周」をモチーフとしたレビューの主演格歌手三人のひとりで、十五人ほどの踊り子、十人ほどの裸を見せる「マヌカン」、それに軽業師やコメディアンたちを率いて歌うのである。乙姫様か天女のような舞台衣裳をあてがわれ、相手の男性歌手は巨大な蟬の羽のような裃《かみしも》をつけたのは、ヨーロッパ人がイメージした中国と日本の奇妙なハイブリッドであった。「世界一周」の芝居仕立てはレビューの定番で、昭和初年に大ヒットした宝塚少女歌劇のレビュー「モン・パリ」もおなじコンセプトであった。

週七万旧フラン(当時のレートで約七万円)という高給であったが、一年間一日の休みなく午後十時と十二時半の二ステージに出る契約であった。おなじ演目の繰り返しでも、客はパリ見物に来る世界中の観光客ばかりだからそれで通るのだという。レビューの閉幕は未明三時、それから夕食、夜明け前に帰宅という日課に彼女は耐えた。パリは眠らず、パリで働く歌手も眠らないのである。

「御飯なんか食べて友達と話しているとと朝帰りよ。門番が掃除なんかしていると具合が悪くて困っちゃう」

「俳優座」インタビュー前年の五四年春、俳優座劇場は六本木交差点角に建てられた。築地小劇場以来二番目、念願の劇団自前の劇場で、雑誌「俳優座」も同時に創刊された。六本木は戦前、歩兵第三連隊が置かれた軍隊の街、戦後は旧軍用地を流用した進駐軍施設に勤務する米将兵の姿が目立つだけの場末の印象であったが、俳優座劇場というランドマークが出現し、若い俳優たちが集ったことをきっかけに面目を一新しようとしていた。石井好子はつづける。

「（役者、芸人、歌手が）パリで出世できるのは金か色かというのですよ」

「ディレクターの三分の一は、奥さんを持ってちゃんと生活をしているけれど、三分の一は色魔で女に手をつけていて、三分の一は男色です」「私は男色のところで働くのは気持が良いのよ。だって危険はないし、おとなしいしね」

離婚を契機に留学

石井好子は、戦前は東京朝日新聞の営業幹部、戦後は政界に進出した石井光次郎《みつじろう》の次女である。母方の祖父は日本鉱業を起こし、逓信大臣もつとめた久原房之助《くはらふさのすけ》で、好子の姉・京は三井財閥の重鎮、朝吹英二の孫・朝吹三吉と結婚したが、三吉の妹がフランソワーズ・サガン作品の翻訳で知られた朝吹登水子である。戦前にパリ留学した朝吹登水子が戦後再びパリに行ったので、石井好子は五歳上の義姉、その娘由紀とモンマルトルのアパートをシェアして暮らした。

東京・大森で育ち、府立第六高女(のち都立三田高校)から東京音楽学校(のち東京芸大)に進んで声楽を専攻した。音楽学校で習ったのはドイツ・リートだったが、自分の声とは合わないという思いを捨てきれず、『巴里祭』『望郷(ペペ・ル・モコ)』など戦前公開のフランス映画でなじんだシャンソンに惹かれるところがあった。

戦中、音楽学校を戦時繰り上げ卒業した頃には、しもぶくれの可愛い顔に身長一六五センチ、当時としては相当な長身で脚の長い魅力的な女性に成長していた彼女は、まだ十代の頃、作家有島武郎の次男、すなわち俳優森雅之の弟、有島敏行と婚約した。しかし相手の肺結核が悪化した四二年、婚約は解消された。

翌年、好子が日向《ひゅうが》正三と結婚したのは、娘が音楽をつづけるなら富裕な相手がよかろうという父光次郎の配慮からであった。有島敏行の友人でもあった日向正三は南方貿易で財をなした日向利兵衛の息子で、コーネル大学を卒業して帰国、戦争中は日本放送協会に勤めて東京ローズの対米宣伝放送を担当した。建築家ブルーノ・タウトが唯一日本に残した作品は、現在重要文化財となっている熱海の日向別邸である。

終戦直後の四五年九月、石井好子は日向正三に依頼され、横須賀の米軍兵士たちの前でジャズを歌った。衣裳は母親の紋付をほどいてつくったドレスであった。サッシュ森山(森山良子の父)やティーブ釜萢(かまやつひろしの父)らアメリカ生まれの二世、レイモンド・コンデらフィリピン人演奏者を擁した「ニュー・パシフィック・オーケストラ」による戦後最初のジャズ演奏とジャズ歌唱であった。

このバンドが一年で解散となったのは、日向正三のリーダーシップに問題があったからだ。日向正三の酒癖の悪さに苦しめられた石井好子も離婚に踏み切った。そんな嫌な記憶を消して、いずれは歌手として身を立てるべくアメリカ留学を決意したのである。

パリの三島由紀夫

一九五〇年代、敗戦国民の外国行きには、きびしい条件が課せられていた。石井好子がアメリカ留学に出発した一九五〇年八月には、石井光次郎は追放中の身であったが、戦後インフレのさなかに山中湖の別荘を処分して留学費用を捻出してくれた。旅券の発行手続きや、現地サンフランシスコでの身元引受人となる日本人を探してくれたのも父親だったが、それは次女を間違った相手と結婚させてしまった罪滅ぼしでもあった。

少しのちの一九五二年末、「世界一周」旅行に出かけた三島由紀夫も海外渡航の事前手続きには苦労した。まず父親平岡梓の東大法科時代のコネを使って朝日新聞特別通信員にしてもらい、渡航の名分を立てた。聖路加病院に出向いて片足立ちで五十回も跳ねて健康さを証明した。アメリカ大使館付きの二世将校に冷笑される屈辱に耐え、なんとか旅券と出国許可を得た。さらに極端な外貨不足の折、これもコネを使って三千ドルあまり(当時のレートで約百十万円)をトラベラーズチェックに組んで持参したのである。

アメリカ、ブラジルを経て五三年三月、パリに到着したのだが、到着早々、三島はオペラ座近くで両替詐欺にあってトラベラーズチェックをすべてとられた。幸いサインする前だったので再発行されることになったのだが、ひと月はかかる。小遣い銭程度の外貨しか持っていなかった三島は、グランドホテルを引き払い、日本人経営の宿「ぼたんや」に移った。そこに松竹の映画監督・木下恵介と新進の音楽家・黛敏郎が滞在していた。フランス語がまったくできない三島は、郵便局や日用品の購入、どんな雑事でも黛敏郎の助けを借りなければならず、ドイツ語や英語ならできるんだが、としきりに負け惜しみを口にした。パリの早春の寒さと暗さ、それに一文無しの心細さに閉口した三島はパリが嫌いになった。

パリ滞在中、彼は旧知の石井好子と会って、二度食事をした。食事が終りかけたとき、ギャルソンは三島ではなく石井好子の前にためらいなく勘定書きを置いた。「ぼたんや」のレストランでさえ、ギャルソンはそうした。彼女より二歳下、二十七歳の三島由紀夫がいかにも頼りなさげに見えたのだろう。

三島はトラベラーズチェックの再発行を待つ間、もっぱら宿にこもって『夜の向日葵』を書いた。持ち合せの原稿用紙がなくなると、文房具屋で買った方眼紙にマス目を引き直して稿を継いだ。四幕の戯曲『夜の向日葵』は、彼がロンドンに発つまでに完成した。

サンフランシスコの思い出

サンフランシスコの音楽学校で、石井好子はイタリア・オペラを学ばされた。これも自分には合わないと思ったが、日常生活では自由を満喫した。

ライブ音楽の店に出向いて世界的トランペット奏者、ルイ・アームストロングと知りあい、また黒人差別に耐えかねて戦前フランスに移住、ヨーロッパで「チャールストン」ブームを巻き起こしたジョセフィン・ベーカーと親しんだ。シャンソンを歌いたいならパリに行きなさい、とアドバイスしたのはジョセフィン・ベーカーである。

「ミスTV」のコンテストにエントリーしたのもこの時期だった。歌唱のほかに水着姿の審査もあると聞いたが、サンフランシスコ予選を通過して全米で優勝すれば賞金五千ドル、副賞はヨーロッパ旅行というので知人の推薦で応募した。「キティ石井」という二世の名前でのエントリーだったことに驚いた。まだ英語に自信がなかったので、歌唱の審査ではジョセフィン・ベーカーの「二人の恋人」をフランス語で歌った。予選は一位で通過したが、全米のコンクールは辞退した。アメリカの、それもサンフランシスコ・ローカルのことだから両親に知られることはないと高をくくっていたが、日本進駐軍の新聞「スターズ・アンド・ストライプス」に記事が出てばれた。サンフランシスコから列車でヨーロッパ行きの船が出る東部に向かうとき、ちょっとした愁嘆場があった。

というのは、英語の個人授業の講師、スタンフォード大を出たばかりで育ちのよい青年に惚れられたのである。彼は彼女に、結婚しよう、といった。石井好子自身も相手を憎からず思っていたが、「やっとの思いで離婚」したのに「アメリカ人の私より若い青年と結婚してしまう」ことに抵抗があった。別れの涙にくれる青年に彼女は、「パリに行ってそれから日本に帰って父母に話し、そしてあなたのところへ戻ってくるわ」と告げた。嘘ではなかった。そのつもりだった、と彼女の自伝『さようなら 私の二十世紀』にある。しかし大西洋を隔てた距離とパリでの多忙な時間が、やがてその約束を思い出にかえた。

お嬢さんの冒険

石井好子が大西洋を横断してパリに着いたのは、一九五一年十一月であった。ル・アーブル港からの連絡列車がパリに着いたとき、船中でなじんだアメリカ青年にシャンソンを聴きに行きたいと頼んで、到着翌日、亡命ロシア人の経営する「パスドック」という店に連れて行ってもらった。

フランス語は皆目わからなかったが、彼が通訳してくれた。自分は歌手のタマゴだというと、歌ってみろ、といわれた。翌日の午後「パスドック」に出直した彼女は、日本の歌とジョセフィン・ベーカーの「二人の恋人」を歌った。さらにもう一曲、あまりポピュラーとはいえないシャンソン「愛していると言って」を歌うと、たまたま客の一人にその作曲者ミシェル・エメがいて、大いに感激してくれた。そんな経緯の末に彼女が週給一万旧フランでプロの歌手としての仕事を始めたのは、五二年一月である。二十九歳の石井好子は偶然の積み重ねで現地での職を得たのだが、その偶然は彼女の積極的な性格と知性、それに人に愛される容貌がもたらしたのである。戦前のお嬢さんはたくましかった。

「パスドック」で歌い始めて間もなく、彼女に深紅のバラの花束を献じた客があった。白髪のおかっぱ頭、黒縁眼鏡のレオナール・フジタ(藤田嗣治)であった。フジタの突然の来訪に、居合せた人々の驚きぶりは尋常ではなかった。以来、石井好子を見る目も一変した。フジタは、その後も石井好子の後見役のようにふるまった。

仕事は順調だった。「パスドック」では三週間ごとに出演者を入れ替えたが、石井好子は歌いつづけた。そうこうするうちシャトレ劇場での公開ラジオ番組への出演を依頼され、当時パリに住んでいた砂原美智子から借りた着物で「二人の恋人」を歌った。第六高女、東京音楽学校で同級だった砂原美智子は、のち世界的オペラ歌手になる人である。番組の司会はジェラール・フィリップ、歌い終って袖に引っ込むと、次の出を待っていたイブ・モンタンが「ブラボー」と彼女にいった。

ヨーロッパで稼ぐ

彼女は日本の両親に、「自立のチャンスです。帰国を延ばすことを許してください」と手紙を書いた。父からの返信には、「好子を信用しましょう。その代わりこれから送金をしません。困ったり病気になったりしたら帰国の切符を送ります」とあった。

五二年の春から国外での仕事が始まった。それは、彼女がパリで所属したエージェントのマネージャーが取ってきた仕事だが、言葉もわからないのに単身「コントラクト」(契約)一本を持って、スペイン、イタリア、スイス、ドイツをめぐりながら歌う、いわばドサ回りである。パリからどちらの方向に向かっても数時間で隣国である。そこでは「パリの歌手」というだけで珍重され、ギャラはパリの十倍以上になるという。

ドサ回りも経験だと思って実行してみたものの、やがて自分はヨーロッパに出稼ぎにきたのではない、シャンソン歌手になるためにきたのだと思い直した。しかし、パリでコンスタントな仕事を取るとなるとレビューしかない。心を決めてピガール広場の老舗レビュー「ナチュリスト」のオーディションを受けたのは五二年秋、契約は五三年五月からのまる一年間であった。

「ナチュリスト」の主要な客筋はアメリカ人だったが、観光客だけではなかった。有名人も少なくなかった。オーソン・ウェルズ、ジェームズ・スチュアート、エロール・フリン、アラン・ラッド、カーク・ダグラス、ゲーリー・クーパーなどの映画スターたちが姿を見せた。

まだ海外旅行が自由化以前で日本人観光客はいなかったが、五三年六月、エリザベス女王戴冠式に参席するためにロンドンを訪れた人々、スイスで開かれたペンクラブ総会帰りの日本人作家たち、あるいはカンヌ、ベネチア、ベルリンなどの映画祭に参席した女優たちは、まず例外なくパリに寄って「ナチュリスト」を訪れた。それは、小林秀雄、今日出海《こんひでみ》、徳川夢声、火野葦平、川口松太郎、獅子文六ら、それに越路吹雪、京マチ子、岸恵子、有馬稲子、杉村春子らであった。

パリにおける石井好子の人気は思わぬ反応も呼んだ。

石井好子が渡米して間もない五〇年秋に追放解除となった石井光次郎は、五二年十月、第四次吉田茂内閣の運輸大臣に就任していたので、「大臣の娘、裸レビューで歌う」という揶揄記事を送った新聞記者がいたのである。

「ナチュリスト」の踊り子たちは誰も「大臣の娘」だと信じなかったが、現地で石井好子のショーを目の当たりにした日本人は強く反発した。白人女性たちを率いて舞台に登場する石井好子を観て「〝敗戦国民〟とは思えない堂々たるもの」という賛辞を雑誌に寄稿したのは徳川夢声であった。

彼女の明るさと勇気をたたえたのは、小林秀雄や今日出海であった。またパリで知りあい、互いに「コーゾー」「ヨシベー」と呼びあう友情を育んだ越路吹雪であった。

楽屋口で踊り子に「乞食みたいな人があんたを訪ねてきたわよ」といわれて出てみると、それは彫刻家のアルベルト・ジャコメッティで、彼のモデルとなった矢内原《やないはら》伊作の紹介だといった。

「ナチュリスト」の一年間を打ち上げたのは五四年四月三十日であった。その後彼女は、七百席もあるキャプシーヌ劇場の歌手として契約したり、英仏海峡に面した保養地ドービルのシャンソン・コンクールに出て「表現賞」を得たりした。パリに帰って深夜のカフェ「クーポール」に行けば、たいていフジタやジャコメッティ、ボーボワール、サルトル、それにジャン・ジュネなどに会えた。あるときジュネに、あなたの作品『泥棒日記』を日本語に訳したのは私の姉の夫(朝吹三吉)よ、というと彼はとても喜んだ。

たのしく長い夜をすごしながら、「こうして人々はパリのとりこになり帰れなくなるのだろう」と思った石井好子は、フジタの強い反対にもかかわらず帰国を決めた。お嬢さんの冒険時代は終ったのである。

シャンソン人気かげる

帰国して日本での仕事を始めたものの、なんとなくなじまない。素人のマネージャーは、いい加減な契約をしてきて彼女を混乱させるばかりだ。

このままではいけない、もう一度出直そうと、帰国半年にして再びパリに向かった。そこでキューバでの仕事を受けてハバナへ飛び、ついでショービジネスの中心で舞台を踏みたいという思いからニューヨークへ行った。

そこでは大森山王の小学校の同級生で、当時読売新聞の特派員だった土居《どい》通夫《みちお》との意外な再会があった。久しぶりの出会いに二人の会話ははずんで、短時間のうちに恋愛感情に発展した。しかし当時の土居は結婚していたので、石井好子はあきらめて帰国、そのまま連絡を絶った。だが土居が妻と正式に離婚した一九六二年、二人は結婚した。媒酌は佐藤栄作夫妻であった。

その前年、六一年に彼女は「石井音楽事務所」を開いた。日本のシャンソン人気はまだ衰えていなかったので、歌手たちのマネージメントを引き受け、また若手の歌手にチャンスを与えようと六三年の七月十四日には日比谷公園大音楽堂で「第一回パリ祭コンサート」を開催した。定員二千六百人のところに五千人がつめかけた。その後、イベット・ジロー、シャルル・トレネ、エンリコ・マシアス、バルバラ、それにジョセフィン・ベーカーなどの公演を成功させ、「呼び屋」としての実績をつくった。

その六三年、花森安治《やすじ》に依頼されて「暮しの手帖」に連載したエッセイ集、『巴里の空の下オムレツのにおいは流れる』を刊行した。それは、パリで最初に借りた部屋の家主、ロシアから亡命した婦人がつくってくれたバターたっぷりのオムレツなど、おもに食べものについてのエッセイ集で、同年の日本エッセイスト・クラブ賞を受けた。

「呼び屋」暗転

六五年には、当時の西ドイツから「アルフレッド・ハウゼ・タンゴ・オーケストラ」三十名の一行を呼んで、大阪公演を盛況裡に終えた。しかし第二回、東京開催の予定日になっても楽器が届かない。楽器を運ぶ飛行機が行方不明になったという。石井事務所の人々は楽器を借りに奔走、なんとか間に合せた。飛行機は愛知県の山中に墜落していたのである。このときは、契約書に明記された楽器の保険料二百万円を渋々支払っていたので、金銭面での損害は少なかった。

しかし「呼び屋」の鬼門はほかにもあった。それは「ソ連」であった。六八年九月、「赤軍合唱団」百八十五名を呼び、全国で十九回公演するという大きな企画の準備を石井事務所は進めた。ところが直前の八月、ソ連軍がチェコスロバキアに大挙侵入して「プラハの春」を圧殺したのである。とても日本公演ができる空気ではなかった。結局七千万円の赤字は、共催の読売新聞社と石井事務所が折半で負担した。

一九七〇年代、すでに日本のシャンソン人気は去っていた。石井好子がシャンソン界の次代を託すと見込んだ岸洋子が難病を発症したことがとどめを刺した。石井音楽事務所は一九七七年に閉じられた。八〇年十一月には、盟友越路吹雪が胃がんで亡くなり、同年十二月には夫・土居通夫が、ウイルスが脳神経を侵す白質脳炎で亡くなった。越路吹雪は五十六歳、土居通夫は五十八歳であった。

「おフランス」ではなかった戦前のお嬢さんも老いる。

初老期から水泳を始めて六十五歳のとき、台湾・基隆で開かれたマスターズ大会の五十メートル平泳ぎ・六十五歳のクラスで優勝した。九〇年、六十八歳のときにはパリ・オランピア劇場でリサイタルを行うほど元気だった石井好子だが、その後は加齢とともに衰えを見せ、肝不全で亡くなったのは二〇一〇年七月十七日、八十七歳であった。

梨元 勝

〈芸能レポーター〉

「恐縮」する人生

■なしもと・まさる
■2010年8月21日没(65歳)
■肺がん

週刊誌「ヤングレディ」の契約記者・梨元勝は一九七六年、三十一歳のときNET(のちテレビ朝日)の「アフタヌーンショー」に出演した。一回だけのはずだったのに、その後も出つづけることになったのは、太り気味の体形に大きな目、愛嬌ある雰囲気のまま芸能界のスキャンダルを早口で語るスタイルが、一九七〇年代の民放テレビの主婦向けワイドショーにはまったからである。

梨元勝の登場以来、それまで芸能評論家と呼ばれていた人々の肩書が「芸能レポーター」にかわった。ただの芸能界通ではもはや需要がない。有名スターやアイドルの私生活を白日のもとにさらすのが芸能レポーターの仕事だとされた。

梨元は「アフタヌーンショー」の「レポーター」を結局五年つとめたが、その間、取材対象に

「すみません」「恐縮です」を連発しながら、相手の嫌がる質問を愛想よくぶつけた。やがて「恐縮です」が梨元の代名詞と化し、「梨元に言いつけるぞ」が流行語となった。一九八〇年、三十五歳でテレビ局・週刊誌との契約を終えてフリーとなり、「オフィス梨元」を開設した。

「歩く成人病」の芸能記者

梨元勝は一九四四(昭和十九)年、東京・中野に生まれたが、父の顔は知らない。というのはその年の初めに父母は結婚、新婚十日で父は出征し、勝が生まれたときにはすでに戦死していたからである。母は乳飲み子の勝を連れて長野に疎開、戦後は埼玉・与野の実家に身を寄せた。

もともと先天性心筋肥大症を持っていたためか、祖母の過保護下にあった勝は、女の子とばかり遊ぶおとなしい子だった。のちに母は再婚したのだが、先方にも子どもがいたため彼は祖父母のもとにとどまり、祖父母の実の子のように育った。

浦和西高校では一年留年、しかしそれを苦にしたようすはなく、活発な高校生だった。六四年、法政大学社会学部に入学した。学生時代はアルバイトに明け暮れたが、お喋りな性格が仕事に有利にはたらく旅行代理店では重宝がられた。卒業に際して進路に悩んで相談した先輩が、講談社の女性週刊誌「ヤングレディ」を紹介してくれて「特派記者」になった。「データマン」とも呼ばれる契約特派記者は、取材先で話を聞き、あるいは張り込んで現場を押さえ、その一部始終を「データ原稿」に書いて、記事のまとめ役「アンカー」に渡すのである。

梨元は原稿も漢字も書けないので一度はクビになりかけた。だが、「口立て」でアンカーに伝達してもよい、という特例をつくってもらった。原稿より口立ての方が質量ともに豊かだったのである。軽快に動くので重宝されたが、向かうべき取材場所を聞かずに社を飛び出したりする軽率な記者でもあった。当時は週刊誌の全盛期、とくに女性週刊誌は伸び盛りで、なかでも「ヤングレディ」は「ギャングレディ」と異名されるほどえげつない記事を載せて売れた。

週刊誌では取材に三日ないし四日、そのあと編集部内での「ウラとり」と記事執筆作業、印刷所での出張校正とつづく。この間、記者は編集部や印刷所で仮眠をとるだけだ。

朝方、仕事が一段落すると新宿に出て、食べ、飲む。そのあと池袋のサウナへ行き、下着を洗濯してまた仮眠。多忙で不規則な生活と暴飲暴食、一時梨元勝は九九キロまで太り、盲腸手術を受けたときには腹部の脂肪が厚すぎて難航するほどであった。のみならず、血糖値、肝臓データ、不整脈、みな危険領域に達していて「歩く成人病」の異名をとった。

「東スポ」と梨元の「信用」

「アフタヌーンショー」に出演する前年、梨元勝は三十歳で結婚した。相手は高校時代の演劇仲間で、一九八〇年には一人娘をさずかった。

実はこの年、「アフタヌーンショー」から梨元勝は降ろされていた。タレントのスキャンダルを容赦なく追った結果、梨元をこのまま放置するなら、以後ウチの所属タレントは貴局の番組には出さない、という影響力を持つ芸能プロダクションからの圧力にテレビ局が屈したのである。

「自分のキャラクターを売り物にして稼いでいる人が、都合のいいところだけを見せて、陰の部分を報道してもらいたくないというのは身勝手である」

「芸の有無はともかく、注目されて生活の糧を得ているのだから、私はどこまでも注目するし、少しでも話題になるようであれば、徹底的にレポートする」(梨元勝『絶筆 梨元です、恐縮です。』)

梨元勝の言い分はここに尽くされていて、それは駆け出し時代から死ぬまでかわらなかった。

この時代、民放テレビではワイドショー枠はますます広がり、芸能人は現代日本人を代表する「典型」のごとく遇された。そうこうするうち、娯楽番組は芸能人の楽屋話の場と化した。そのような波の中では、フリーとなった梨元勝の仕事は絶えないどころか、ますます隆盛であった。

長いキャリアのうちには何度か訴訟沙汰が起きた。あるとき彼は「東京スポーツ」紙上に書いた記事で訴えられた。地裁の判決は梨元の逆転勝訴であったが、判決理由の中につぎのような部分があった。

〈梨元勝が「東京スポーツ」に書いている記事は、執筆者、掲載紙の信用度からいって、誰も本当だとは思わない。したがって原告の名誉を毀損したことにはならない〉

病室でも「恐縮」

二〇一〇年五月、六十五歳になっていた彼は、はげしい咳きこみに襲われて二度も緊急搬送された。胸部X線写真を撮ると、肺の部分が真っ白だった。肺がんを宣告され、六月中旬に入院した。タバコを吸わない梨元なのにステージⅣ、すでに胃と腸に転移しているという。

病室でも梨元は仕事をつづけた。ツイッターで発信し、この年の初めに依頼された自伝を書き継ごうとした。テレビを見ることは日常であり仕事であったが、ベッドを起こさなければ見られなくなった。平らなままでは胸水で呼吸困難になるからであった。二〇一〇年八月十五日まで自伝のゲラのやりとりをつづけたが、そこで力尽き、八月二十一日に亡くなった。病気発覚以来三ヵ月、短い晩年であった。

梨元没後もテレビは、かわらず芸能スキャンダルを中心に据えたワイドショーを放映しつづけたが、民放の視聴率はCS、ネット動画など媒体の多様化のために三割以上減じた。週刊誌はその販売部数の減少度合から見れば、ほぼそのメディア生命を終えたといえる。

池部 良

「ご一緒、願います」

〈映画俳優、エッセイスト〉

■いけべ・りょう
■ 2010年10月8日没(92歳)
■敗血症

一九四九(昭和二十四)年、東宝映画『青い山脈』(前・後編、今井正監督)に旧制高校生の役で主演したとき、池部良はすでに三十一歳になっていた。『青い山脈』はその二年前の四七年六月、新憲法施行の翌月から十月まで石坂洋次郎が朝日新聞に連載した「民主化」小説を原作としていた。

舞台は東北の旧弊な地方都市である。体格がよくて積極的性格の高女生(杉葉子)が、旧制中学生の男子からヘタクソな恋文をもらったことが学校で問題視され、退学処分を受けそうになる。時制は戦後間もない「旧制最末期」だが、偶然女生徒と知りあった旧制高校生の池部良が事情を知って憤激、親しい町医者(龍崎一郎)、美貌の女学校教師(原節子)、高女生(若山セツ子)らと杉葉子を救うために立ち上がり、地方都市に新時代の風を吹かせるというお話である。

女生徒の処分を決する教員・父兄の会議に、池部良は孤立無援の「民主派」原節子を援護するために高校の同級生(伊豆肇)と保護者代理と称して出席、街のボス(三島雅夫)ら「守旧派」と対決する。生徒の姉の芸者(木暮実千代)の「民主的発言」などに助けられて勝利し、それをきっかけに原節子と龍崎一郎、杉葉子と池部良はそれぞれカップルとなる。「新時代の男女交際」を主題とした『青い山脈』は、占領米軍まで出動した東宝争議直後の前後編合せて百八十分という長尺な作品であったが当たり、西條八十《さいじょうやそ》作詞、服部良一作曲の主題歌は大ヒットした。

主演の杉葉子は上海第二高女を終戦の年に卒業して四七年帰国、東宝のニューフェイスとなって、このとき十九歳であった。彼女は一六八センチと長身、そのうえ脚が長くて水着姿が映えた。池部良も一七七センチで顔が小さく、まさに「新時代」を体現する二人と認識され、池部良の年齢を気にする者はいなかった。

「生きて帰ってきたら助監督」

池部良は一九一八(大正七)年東京・大森生まれ、父は画家の池部鈞《ひとし》、母はやはり画家の岡本一平の妹だから、岡本太郎は従兄、岡本かの子は義理の伯母にあたる。明治学院中学から立教大学文学部英文科に進み、四一年に卒業すると東宝に入社した。

もともと映画には興味がなかったが、『暖流』(岸田國士原作、吉村公三郎監督、三九年)を見て映画表現のおもしろさに目覚め、監督を志したのである。しかしすでに製作本数は激減、演出部に空きはなく文芸部に配属された。このとき池部の容姿に注目した島津保次郎監督に、自作『闘魚』の不良少年役を演じれば、兵隊にとられても生きて帰ってきたら島津組の助監督にしてやる、といわれ俳優デビューした。さらに高峰秀子主演『希望の青空』、原節子主演『緑の大地』に出演、四二年二月、『緑の大地』の撮了翌日に入営した。

中国山東省に送られ、初年兵教育が終ったその年十一月、河北省保定の予備士官学校に入った。一兵卒なら二年で除隊できるはずだが、士官となるといくら速成でも任期が延びる。大いに渋ったが部隊上層部は執拗で、かつ白紙答案を出したのに合格した。

一年間の速成教育で見習士官に任官、衛生隊に配属された。四四年二月、平均年齢三十五歳という補充老兵三十人の長となった池部良は少尉進級、南方派遣を命じられて揚子江河口の港から部下ともども輸送船に乗った。出航四日後、米潜水艦群の魚雷攻撃を受け、合流していた朝鮮発の輸送船団は撃沈された。池部少尉らの船団はなんとかマニラ湾に逃げ込んだものの、今度はハルマヘラ島へ向かう途中、セレベス海峡で潜水艦に攻撃され、船は沈んだ。十時間泳いで日本海軍の艦船に救助され、命からがらハルマヘラ島に上陸した。四四年五月上旬のことである。

四四年九月、ハルマヘラ全島を米軍が大爆撃、集積物資はすべて焼失した。池部少尉の衛生隊は、椰子の実やカエル、トカゲで食いつないだが、全員が栄養失調と風土病に苦しんだ。翌年八月終戦、中尉に進級していた池部良は、英語ができるというのでハルマヘラ進駐のオーストラリア海軍将校との連絡任務にあたった。

復員船の出航は四六年六月下旬、台湾付近の海上でラジオから流れる「リンゴの唄」を聞いて新時代を実感、四年半ぶりに和歌山県田辺港で日本の土を踏んだ。復員局で両親の疎開先を知り、茨城県の田舎に向かった。

疲労しきった体を養っていた九月中旬、前触れなしに高峰秀子と市川崑がその庭先に現れた。高峰秀子が進駐軍と交渉して、ジープで来たという。高峰秀子は六歳下だが、映画界のキャリアのみならず、知恵も度胸もある先輩であった。彼女は、島崎藤村原作の『破戒』を映画化する阿部豊監督に、「良ちゃん、あんたを引きずってこいといわれたんだよ。あたい、支度金まで預かってきたんだから」と封筒を縁側に置いた。封筒の厚さを見た父・池部鈞は、「おまえを買いたいというんだ。売らないわけにはいくまい」といった。

「俳優志望」の三島由紀夫

池部良は、終戦直後のひどい混雑の汽車を乗り継いで長野ロケに参加した。しかしこの映画は東宝争議のせいで結局撮影中止となった。だが『破戒』は翌四七年秋に松竹京都で映画化され、池部良は木下恵介監督の強い希望で主演した。彼が復員後一年半で十五本もの映画で主演したのは、戦死者、未復員者で人材不足だったからだけではなく、この時代に盛況であった「文芸映画」向きの俳優として監督や作家に重宝されたためである。

実は『青い山脈』の映画化許諾にあたっての石坂洋次郎が出した条件は、大森の近所住まいで少年時代から見知っていた池部良の主演起用であった。志賀直哉も自作『暗夜行路』の映画化権を池部主演と引き換えに東宝に渡した。豊田四郎のみならず、渋谷実、小津安二郎ら他社の巨匠たちも池部の出演を望んだ。

だが池部良自身はこの時期、俳優に飽き足らず、三田の三井倶楽部裏の家を借りてホンを書いたりしていた。その家の、中庭をはさんだ蔵も仕事場に借りている人がいるようで、夜更けまで灯りが消えなかった。数日後、風呂場で会ったのは三島由紀夫だった。『仮面の告白』で名を上げた三島が世界一周旅行に出る前だから、五一年のことだろう。

〈「三島ですけれども、入ってもいいですか」と言うから、「どうぞどうぞ、お入んなさい」と言ったら、なんだか骸骨みたいな背の低い男が入って来て。それで何だか知らないけど、意味なく笑うんだな。「ワハハハ」なんて言って。「僕ね、今、小説書いてんです。池部さん何やってんですか」と聞くから、「うーん、まあシナリオみたいなもの書いてんだ」と言ったら、「ホォー、俳優でもシナリオ書くんですか」って〉(志村三代子、弓桁あや編『映画俳優　池部良』のうち、「池部良インタビュー」)

三島由紀夫は池部良の七歳下、のち自ら売り込んで大映映画に主演した。若尾文子《あやこ》との共演だった石原慎太郎原作で増村保造監督作品『からっ風野郎』(六〇年)である。この作品で自意識過剰の大根ぶりを遺憾なく発揮した三島は、東大法学部同期の増村に徹底的にしごかれたのだが、それよりはるか以前、偶然知り合った池部良に「僕、俳優やりたいです」と告白していた。

池部良は、こうこたえた。

「あのね、小説はどうか知らないけどね、俳優ってのはピンからキリまで誰でもできるの。できるけれども、結果的にはできないと思う。その辺は小説家だから、あなたわかるだろう。大体そんな、骸骨みたいな身体してたんじゃ、俳優は務まらないよ」

五二年夏、半年間におよんだ世界一周旅行から帰って間もなく、三島由紀夫がボディビルで筋肉をつくり始めた動機のひとつは池部良の「批評」であっただろう。

岸恵子を包んだ「日本の男の気配」

池部良の俳優人生は、時代とともに、また彼の加齢とともに変転する。小津安二郎に呼ばれて松竹で撮った『早春』(五六年)では、軍隊経験ある三十なかばのサラリーマン役で岸恵子と共演、小津作品としてはまったく異例のキスシーンを見せた。

越後湯沢の降雪を待って二年越しのロケを敢行した豊田四郎監督『雪国』(五七年)では再び岸恵

子と共演した。芸者・駒子を演じた岸恵子はこのとき二十四歳、ごくたまに越後湯沢を訪れる東京の「高等遊民」島村役の池部良は三十九歳であった。

岸恵子は、はるかのちにこう回想している(『巴里の空はあかね雲』)

〈駒子が私なのか、私が駒子なのか、はっきりしない期間が何カ月か続いていた。／そして、島村の池部さんか、池部さんの島村かがはっきりとしない、渋い和服の裾さばきが、はっとするほど艶っぽいその人物に、私のこころは雪崩《なだれ》のように滑り出していった〉

撮影も終りに近づいた頃、池部良が「恵子ちゃん」と岸恵子に話しかけた。「どうしてフランスなんかへ行っちゃうの」

岸恵子はその前年、イブ・シャンピ監督の日仏共同制作『忘れ得ぬ慕情』(原題『長崎の台風』)に出演した。とくにいうべきことのない映画だが、この撮影中に岸恵子は貴族で医師上がりのシャンピ監督にプロポーズされ、承諾していたのである。このニュースは日本の映画ファンを大いに失望させた。原節子のあと岸恵子を主演者に想定していた小津安二郎もそのひとりで、日本の男は何をしている、と憤慨することしきりであった。

五七年四月初めの早朝、岸恵子は最後のカットを撮りあげ『雪国』は終った。日本でのキャリアも終った。そう思いながら彼女は、鏡の中に自分の顔を見た。

〈青ずんだ明け方の冷気の中で、キラキラ光る、そのきつい自分の顔を私はウックシイ、と思った〉(岸恵子『ベラルーシの林檎』)
鏡の隅に池部良が映った。腕を組んで彼女を見ていた。声もかけず、近づくでもなく、ただそこに立ちつくしていた。
〈その島村のシルエットを全身に感じ、ふと、私が共に生きなければならないのはこの人なのではないか、と思った。それは池部良さんではなく、島村でもない、その二人に限りなく似た一人の日本の男の気配なのだった〉
しかし彼女は三日後、日本を発った。

ヤクザ映画出演

池部良の中年期は撮影所映画の斜陽期と重なる。

六三年、四十五歳の池部良は『乾いた花』(篠田正浩監督)に出演した。これも石原慎太郎の小説を原作とした文芸映画なのだが、その味わいは大いに違っていた。池部良の役は横浜のヤクザだった。人を殺して刑務所から出てきたが、さして時をおかず組のために再度殺人を犯す。

そこに到るまで、博打場の光景が丹念にえがかれる。丁半博打ではなく、手先の技術と相手の心の動きを読む力がもとめられる「手本引き」である。この博打場で池部良は、加賀まりこ演じる「危険」に淫する良家の美少女と知りあうのである。

最初の顔合せのとき、池部良は加賀まりこに見覚えがあると思った。数年前、六本木がようやくモダンな盛り場になりかけた頃だった。交差点のゴトー花屋の前で四、五人の不良少女にからまれ、三万円を取られたことがあった。「あんたさ、映画スターだろ。金、持ってんじゃん。みんな出しなよ」といった不良少女のリーダーが加賀まりこだった。

〈「あたし達の仲間でさ、アメリカへ行ってヘリコプターの免状取るのがいるんだ。そいつにカンパしてやるんだからさ」と口を尖らし、凄みを利かせた、何から何まで豆で出来上がっているような女の子を思い出した〉

〈撮影に入ったら「観念のお化け」みたいな監督と気の強そうな不良少女の間に挟まって、俺はどんな顔をしてればいいのかな、とひどく心細くなった。だが今まで経験したことのない演技への奇妙な挑戦欲が頭を擡《もた》げたのは、何故なんだ、である〉(池部良『心残りは…』)

映画のラスト、池部良はあるヤクザを殺しに行く。場所は名曲喫茶の階上である。ゆっくり階段をのぼる池部にクラシックがかぶる。殺人を見たいと強く望んだ加賀まりこの目前で、池部はドスで相手の腹をえぐって殺す。

この映画は八ヵ月お蔵入りになったのち、その「手本引き」賭博の描写が精緻にわたりすぎたという理由で成人映画に指定され、公開は翌六四年にずれこんだ。高度経済成長前半期における日本社会の「元気」と「頽廃」をともに表現した『乾いた花』を見て池部良に出演交渉をしたのが東映京都の俊藤浩滋《しゅんどうこうじ》プロデューサー、少しのち東映からデビューする藤純子の父であった。『乾いた花』の演技を絶賛した俊藤は、今度、東映で高倉健主演の任侠映画をつくる、高倉を男にしてくれませんか、といった。俳優協会の理事長という立場でヤクザ映画はどうも、と渋る池部に俊藤は、文芸映画の大家のあなたが、着流しの任侠ものもこなせば芸域は広がる、これまでとは別種のファンがつく、と説得した。

その熱意にほだされただけではなかった。東宝を離れてプロダクションを設立した池部良だが、その経営は楽ではなかったのである。結局承諾したが条件をつけた。

入墨を入れない。ポスターに写真を入れず、名前は小さくする。一回ごとに殺される。

それは、ヤクザ映画をひどく嫌う美子夫人へのせめてものエクスキューズであった。

「ご一緒、願います」

池部良が出演した「昭和残侠伝」シリーズでの役どころは、主役高倉健に敵対する悪役親分の客分、または足を洗った元ヤクザであった。悪役の重なる非道の仕打ちに耐えつづけた高倉健だが、我慢の限界を超えて単身殴り込みに向かう。そのとき途中で待っていた池部良が、「ご一緒、願います」という。ふたりの「道行き」に高倉健歌う主題歌「唐獅子牡丹」がかぶる。

「昭和残侠伝」は六五年から七二年まで九作つくられたが、六六年の第二作で高倉健の役名が花田秀次郎と決まった。三作目から藤純子がヒロインとなり、四作目で池部良の役名、風間重吉が定着した。七〇年九月二十二日封切りの第七作『昭和残侠伝　死んで貰います』(マキノ雅弘監督)は戦前への郷愁、男の忍耐と決意、さらに高倉健と池部良のホモソーシャルな間柄を過不足なく表現した傑作となった。この作品を三島由紀夫が見たかどうかはわからないが、彼が「池部がいい」としきりにいい、池部演じる風間重吉に自分を重ねようとしていたことはたしかである。

その封切り二ヵ月あまりのちの七〇年十一月二十五日午前十時すぎ、三島由紀夫は南馬込の自宅から「楯の会」会員の青年四人とともに中古のカローラで陸上自衛隊市ヶ谷駐屯地へ向かった。荏原ランプで首都高に入り、外苑口で出た。益田兼利《ましたかねとし》東部方面総監との面会の約束は午前十一時、そのまま進んでは早く着きすぎる。そこで外苑の周回道路をわざと二周して時間調整した。その間、車内の五人は「唐獅子牡丹」をフルコーラスで合唱した。午前十時五十五分、市ヶ谷駐屯地に到着、十一時ちょうど東部方面総監室に入った。三島が亡くなったのは午後十二時十三分頃、それに数分遅れて森田必勝《まさかつ》が亡くなった。三島は四十五歳、森田は二十五歳だった。

「君を残して先に死ねない」

時代はうつろう。七二年、東映のヤクザ映画路線は終焉した。もう客は入らないのである。撮影所の時代そのものも終ったのである。八年間で「昭和残侠伝」九本のほか十二本のヤクザ映画に出演した池部良は、七八年、倉本聰脚本、「昭和残俠伝」で助監督をつとめた降旗康男監督の『冬の華』に、倉本から強く請われて出演した。高倉健と争い、映画冒頭で殺される役だが、あざやかな印象を残した。

九一年、七十三歳のとき、父親と戦前の山の手の暮らしを記したエッセー『そよ風ときにはつむじ風』が日本文芸大賞を得た。以後作家として遇された池部良は、自伝的小説「その人　久慈見習士官」『ハルマヘラ・メモリー』などを書いた。

彼は六二年、四十三歳で再婚していた。相手は森永製菓創業者の孫娘であった。二枚目俳優として映画界で生き、新人女優、とくに宝塚出身の女優は池部と組ませると伸びるという定評があったが、妻ひとすじの印象であった。八十代も終る頃、肺炎にかかって体調を崩し、入退院を繰り返すようになった。それでも病室での執筆をやめようとしなかった彼が、「君を残して先に死ねない」と美子夫人にいいながら敗血症で亡くなったのは二〇一〇年十月八日、九十二歳であった。

佐野洋子

「旅先」の人

〈作家、画家〉

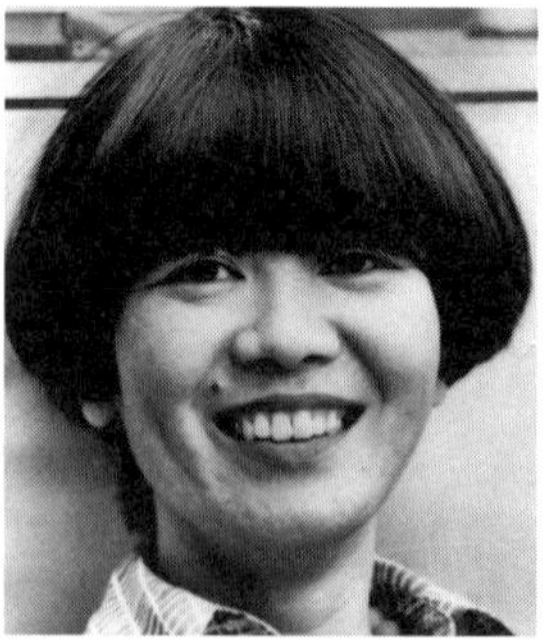

■さの・ようこ
■2010年11月5日没(72歳)
■乳がんの骨転移

絵本『１００万回生きたねこ』、エッセイ『神も仏もありませぬ』『シズコさん』などで知られる作家・画家の佐野洋子は一九三八(昭和十三)年北京で生まれた。

山梨県の貧農の七男であった父親は、旧制浦和高校から東京帝国大学に進んだ秀才であった。柔道選手で、佐野洋子によると「アル・パチーノとエノケンをまぜたような」ハンサムでもあった。しかし時代の子として左傾、そのため就職には苦労した。優秀であれば元左傾学生でも採用した満鉄調査部に入って大陸に渡り、最初の勤務地北京を起点に文化人類学的調査に従事した。一九四五年春、本社のある大連に家族とともに移って半年後、終戦を迎えた。

七歳の少女難民であった佐野洋子は、妹のおしめを取り換え、鍋いっぱいの高粱《コーリャン》を炊き、家の前で南京豆を売った。路上で、父親がつくった草履を売り、ロシア人にタバコを売って食糧にかえた。そうして一年半過ごし、一九四七年二月、満八歳で引揚げ船に乗った。彼女は、幼い弟の面倒を見る小さな母親であった。

帰国して山梨県の南端、父親の故郷の寒村に住んだ。信じられないくらいの貧しさの中で、生まれたばかりの赤ん坊と兄と弟、三人を亡くした。北京でも生後間もない弟を失っていたから、八人きょうだいで生き残ったのは四人だった。異常な画才をしめしていた兄の死に母親は深く悲嘆した。なぜ洋子ではなかったのか、とその目がいっているようだった。

新制高校の教員となった父の転勤で静岡市に移った。そこで一年遅れで小学校を終えると、自ら望んで静岡大学教育学部附属静岡中学の試験を受け、合格した。シベリア抑留記『極光のかげに』を書いた高杉一郎(本名・小川五郎、静岡大学教授)の娘、小川泰子と同級生だった。

「シズコさん」になった母親

清水に越して高校を卒業、五八年、武蔵野美術大学に入学した。自己紹介がわりに、「ねえ、清水の次郎長って知ってる? あたし、そこの出身」といいまわっているうち、「次郎長」というあだ名になった。

六二年に武蔵美を卒業、日本橋の白木屋デパートの宣伝部に就職して、入社一年目から絵の描けるデザイナーとして頭角をあらわした。六七年、思うところあって退社、ベルリンに留学した。帰国後、画家・絵本作家となり、やがてエッセイストとしても名を知られる存在になった。

父親は洋子の美大入学の年、五十歳で亡くなっている。戦前の「モガ」であった母親は、連れ合いの死をひとしきり嘆いたあと、母子寮の寮母となり、たちまち寮長となった。たくましい人であった母親は清水で土地を買い、その半分を売って家を建てた。活け花の免許を得て、お弟子さんをとった。どんな集合写真でも真ん中に写っている、生まれながらのアネゴ肌であった。

「いつかおばあさんになるなんて思いもしなかった」その母親も老いた。東京に引き取って、佐野洋子はともに暮らした。八十歳を超えて認知症の症状が出ると、娘は母親を小金井公園に面したよいホームに入れた。

母親はそこでゆっくりと症状を進行させた。元気だった頃には一度も使わなかった言葉、「ありがとう」と「ごめんなさい」を惜しみなく口に出す人になりかわり、母と娘の緊張感をともなった間柄はあっけなく修復された。というより、まったく別の関係が自然に生じた。

ホームを訪ねた佐野洋子は、母親に添い寝した。以前なら考えもしなかったことである。そして、「私、六十になってしまった、私もおばあさんになってしまった」と嘆いた。すると母親はいった。

「マア、カワイソウニ、ダレガシテシマッタノデショウネ」(佐野洋子『シズコさん』)

また別のあるとき、母さんはいつ生まれたのかと尋ねると、母親はこたえた。

「私が生まれたのはねー、そうねー、私がずい分小さいときだったわ」(『神も仏もありませぬ』)

その母親も二〇〇六年、九十三歳で亡くなった。

私が佐野洋子と面識を得たのは、二〇〇四年、彼女が乳がんの手術を受けた翌年である。そのとき病気のことを知らされたが、ああそうですかと応じたのは、寛解するだろうと軽く考えたからであった。

以来、たまに会うようになったが、彼女の「風圧」に私はとうてい敵しない。「ハンサムな男が趣味」「そういう男を鑑賞しながら麻雀するのも老後のたのしみ」という彼女の言葉に乗じて出版界の中年ハンサムを見つくろい、それに麻雀が上手な男と忍耐力ある中年女性に誘いをかけた。

しかし佐野洋子がいうところのハンサムとは、皺の深さが魅力のクリント・イーストウッドや、初老のデブになっても平然としている「人間のできた」沢田研二などだと知ったのはのちのことで、私が持参した中年ハンサムが鑑賞に堪えたとは思われない。みんなで麻雀をしたのだが、ひたすら自分の手に集中するばかりの佐野洋子は、家庭麻雀より安いお金を賭けたゲームが終って自分が四百円勝ったと知ったとき、とても嬉しそうな顔をした。私たちも嬉しかった。

「ミスタ李」の面影

あるとき、彼女が真面目な顔で私に尋ねたことがあった。それは一九六七年、留学先のベルリンでおなじ下宿にいた五十がらみの韓国人のことだった。

上品な人だった、とてもきれいな戦前の東京語を話した、と佐野洋子はいった。いつもフロックコートを着ていた、絹のスカーフを巻き、黒い帽子をかぶっていた、近所の売店に新聞を買いに行くときでさえその恰好だった。

京城《けいじょう》でいちばん大きな書店の息子だったという。少年期に内地へ留学して慶応で学んだらしい。だが戦後のいつの頃か、本国の財産を整理してヨーロッパへ渡った。会社を興したり、アメリカ人の恋人とスイスの山荘で暮らしたりしたと本人はいうが、ベルリンで佐野洋子と会ったときには零落していた。

ドイツ人のおばあさん家主から下宿代を払えと罵られながら、事業が劇的な成功をおさめる空想を飽かず語る彼の、もとは上等だったフロックコートからは絹の裏地がワカメのように垂れ下がっていた。それを佐野洋子がハサミで切ってやると、「優しいね、優しいね」と晴れやかに、また喜ばしそうにいうのだった。

彼女はその書きものの中では、この人のことをおおむね「ミスタ李」と書いている。ベルリンからミラノを経て帰国した翌年というから一九六九年頃だろう、その「ミスタ李」から電話があった。

〈アメリカに行く途中、日本に寄ったと言っていた。

「帝国ホテルにいますよ」

私はなつかしく、とても会いたいと思った。ミスタ李はついに成功したのだろうか。私は会えなかった。

真夏だったのに、黒い帽子をかぶり、フロックコートを着ているミスタ李の姿しか思い出せなかった〉(『私の猫たち許してほしい』)

その「ミスタ李」が「ハチヤシンイチ」ではなかったか、と佐野洋子はいうのである。新聞で見たパスポートの顔写真に面影があるのよ、と彼女はいった。

「ハチヤシンイチ」は「ハチヤマユミ」(金賢姫＝キム・ヒョニ)と、一九八七年十一月二十九日、インド洋上で大韓航空機を爆破した北朝鮮の工作員である。

二人がアブダビで途中降機したあと、東へ巡航中の飛行機は時限爆弾で爆破され、乗客乗員全員が死んだ。その後、バーレーンに移動した二人は現地の警察に逮捕された。「ハチヤシンイチ」は、隙を見て隠し持っていた毒薬のカプセルを噛み砕いて自殺した。しかし金賢姫はカプセルを口に含む直前に取り押さえられた。

彼女が自殺に失敗したから、日本語を巧みに話す日本のパスポートを持った「親子」のような男女が北朝鮮の工作員だとわかったので、そうでなければ「謎の日本人」の犯行で終ったかも知れない。北朝鮮のテロの目的は、翌一九八八年に予定されていたソウル五輪の妨害と日韓の離間であったから、二人が日本人だと証明されなくてもよかった。たんに「怪しい」という「物語」が流布するだけで作戦は成功と北朝鮮は評価しただろう。疑われても、北の犯行である証拠は残らなかった。

「故郷喪失者」たち

一九六〇年代後半のベルリンには、北朝鮮と韓国の工作員が多数いて、それぞれがそこに住むコリアンの会社員や芸術家、留学生を取り込もうとした。北朝鮮は「民族主義カルト」の信念をもって彼らの対南工作員としての「包摂」を試み、あるいは「拉致誘拐」した。「ミスタ李」もその対象となった可能性がある。

「ミスタ李」の日本語が素晴らしく達者で、かつ時間をもてあましていたこと、それだけが北の工作員につけこまれた理由だったのではないだろう。彼が無意識のうちに発散していた故郷喪失者の「よるべなさ」、それが狙われたのではないか。彼には帰るべき国、所属すべき場所がないのである。

ベルリンでは下宿代に事欠くほど困っていたのに、「ミスタ李」は何の用事があるのか、その後も何度か日本にきていた。そしてそのたびに佐野洋子に連絡して、会いたいといった。だが佐野洋子は会わなかった。

ベルリンの下宿時代から二十年の歳月が流れ、初老期もすぎた「ハチヤシンイチ」は、若い女性工作員の付き添いとして、また指導員として、テロを実行したのではないか。「ハチヤマユミ」が金賢姫だと判明しても、「ハチヤインイチ」の本名も履歴も公式には解明されず、ただ佐野洋子の記憶に刻まれた人で終った。

私がそんな話をすると、彼女はとても痛ましそうな表情を浮かべた。佐野洋子が「ミスタ李」を忘れないのは、彼が身にまとっていた「よるべなさ」が彼女自身の中にあるなにものかと共振したからではないか。その「よるべなさ」は「故郷喪失者」が無意識のうちに発散する空気で、だからこそ彼女はベルリンで「ミスタ李」と親しみ、また後年には距離を置いたのではないだろうか。

「旅先」の春

佐野洋子が乳がんの骨転移を告げられたのは二〇〇七年、六十九歳のときであった。

その日、病院からの帰り道で外車のディーラーに立ち寄った彼女は、展示してあったイングリッシュ・グリーンのジャガーを指さし、これ頂戴、といった。もともと車に関しては「国粋主義者」で、外車を自慢げに乗り回す人を侮蔑していたし、以前は飼い主とともに老いる老犬のようなホンダのシビックに乗っていたのだが、先は長くなさそうだからと考えを変え、品のよさで目を引いたジャガーを選んだのである。

車の購入には、もうひとつの理由があった。左大腿骨の付け根に転移したせいで歩くのがつらくなり、病院までタクシーを使っていた。タバコを好んだ彼女は、がんになっても再発してもやめなかった。しかし病院ではむろん禁煙、街中でも喫煙可能な場所は狭められつつあったので、タクシーの車内で吸っていた。ところがタクシーも禁煙になり、それなら自分の車でと考えたのである。そうして病院の行き帰りにはジャガーの中で盛大にタバコを吸った。

やがてがんは頭部に転移した。脳ではなく硬膜と頭骨であった。放射線の精密照射を定期的に受けると、二〇〇八年十二月には頭部のがんは消えた。しかし大腿骨と腎臓のがんは悪化し、二〇一〇年十一月五日に亡くなった。七十二歳であった。死ぬにはちょうどよい年頃、と本人はいっていたけれど、やはり若い。ことに女性では若すぎる。思い残すことも少なくなかったのではないか。

佐野洋子は彼女が愛した北軽井沢の高原の春について、こんなふうに書いたことがある。

「ここの春はいっぺんにやって来る。山が笑いをこらえている様に少しずつふくらんで来て、茶色かった山が、うす紅がかった灰色になり、真白な部分と、ピンクのところとが、山一面にばらまいた様に現れる。こぶしと桜がいっぺんに咲くのだ」

「私が死んでも、もやっている様な春の山はそのままむくむくと笑い続け、こぶしも桜も咲き続けると思うと無念である」(『神も仏もありませぬ』)

豪放でいて繊細であった佐野洋子が懐かしむ故郷は、北京の「四合院《しごういん》」の家の、庭を囲む土塀に切り取られた大陸の青空であっただろう。私にいわせればだが、彼女は正統な、そして最後の「大陸出身者」文学の作家であった。そうして、日本は「旅先」にすぎないという感覚を長く住んでも捨てきれなかったのではなかろうか。

しかし「旅先」の春は美しかった。それを見る自分が不在だというのに、春の山が勝手に「むくむくと笑う」とすれば、豪放かつ繊細に戦中戦後を生きた才能あるわがままな人は、さぞ悔しかったことだろう。

2011年1月–3月11日に死んだ人々

与那嶺要
坂上二郎
「昆愛海ちゃんのママ」昆由香

与那嶺要

〈プロ野球選手・監督〉

「お嬢さん野球」を震撼させたニセイ選手

■よなみね・かなめ
■2011年2月28日没(85歳)
■前立腺がん

与那嶺要(ウォーリー与那嶺、本名ウォレス・カナメ・ヨナミネ)はハワイ・マウイ島出身、日本プロ野球で戦後最初の外国籍選手だった。

一九五一年六月十九日、二十六歳になる五日前のその日、読売ジャイアンツと契約したばかりの与那嶺は、後楽園球場での対名古屋ドラゴンズ(現中日ドラゴンズ)戦の七回裏、四対六でノーアウト、ランナー一、二塁という場面に代打で登場した。ピッチャーは名古屋のエース杉下茂であった。

その一球目、与那嶺は突然一塁線にセーフティバントを仕掛けた。これはファウルになったが、二球目を今度は三塁線にバント、打球を追った杉下より与那嶺の足が速かった。

バントとは犠牲バント、と決めてかかっていた日本人選手は、セーフティバントに驚き、またバントで全力疾走する与那嶺に驚いた。

翌日からスタメン出場した与那嶺は、間もなくそれまでの一番打者千葉茂を二番に下げさせ、一番に定着した。九月十二日、後楽園球場での対国鉄スワローズ戦の六回裏、四球で出塁した与那嶺は、二番千葉の遊ゴロの相手エラーに乗じて、一気に三塁を陥れた。そしてつぎの瞬間、一塁ランナー千葉との重盗でホームスチールを敢行、生還した。七回裏にも四球で出塁、二盗と三盗を成功させたあと、四球で一塁に出た千葉と再び重盗を試みて生還した。

一試合に本盗二回、一イニング三盗塁、そしてこの試合、ヒットなしの与那嶺が四フォアボールで三得点、みなプロ野球新記録であった。

外国人選手の草分け

与那嶺はもともとアメリカンフットボールの選手で、俊足を生かして一時サンフランシスコ・フォーティナイナーズのランニングバックだった。怪我でフットボールをあきらめ、野球に転向したのである。

日本プロ野球が経験したもうひとつの「カルチャーショック」は、与那嶺のフック・スライディングだった。盗塁でも本塁突入でも、与那嶺は野手の足を払うか、グラブやミットをシューズで蹴り上げて落球を誘うスライディングを行った。スパイクではなくシューズの甲の方を使うのだが、日本選手が初めて見る攻撃的スライディングだった。驚いた観客は与那嶺を野次った。審判は、危険行為だと与那嶺に注意した。だがそれは中学校から大学まで、学校育ちの「お嬢さん野球」になじんだ人々に、アメリカ式野球がもたらした強烈な刺激であった。

五一年のシーズン半ばから参戦、五四試合に出場した与那嶺の成績は、一八一打数六四安打、打率三割五分四厘、盗塁二六、うち本盗五であった。このシーズン、与那嶺加入以前の巨人の勝率は六割四分、平均得点五・一だったが、与那嶺加入以後は勝率八割一分、平均得点七・二と跳ね上がった。

日本のプロ野球には戦前から外国人選手が参加している。一九三六年の日本職業野球成立から三年間、名古屋軍(のちイーグルス)でプレーした捕手バッキー・ハリスが代表的存在で、春と秋の二シーズン制であった当時、三七年秋は最多安打(六二本)でMVP、三八年春にはホームラン王(六本)、同年秋には打率三割二分で二位となった。三年間六シーズンでは、七一一打数二二〇安打、打率三割九厘であった。三十歳となった三八年のシーズンでハリスが帰国したのは日米関係悪化のためである。

ハワイ・オアフ島出身、広島からの移民の息子のヘンリー若林忠志は一九〇八年生まれ、二十歳で日本国籍を離脱するまでは二重国籍だった。二八年に訪日して大学チームと対戦したとき、その投手としての才能に惚れ込み、熱心に勧誘したのは法政大学であった。法政予科に進んだ若林は、三〇年秋のシーズンに法政を優勝に導いた。三六年、契約金一万円で職業野球球団・大阪タイガースに入団したが、そのとき契約金という概念を日本プロ野球に持ち込んだのも若林であった。後年、背番号「18」が慣例としてチームのエースナンバーになったが、それは若林が背負った数字だったからである。

四一年に日本国籍を回復した若林忠志は、戦後、大阪・阪神から毎日オリオンズへ移籍、五三年、四十五歳まで十六年間現役をつづけた。生涯二三七勝をあげた若林の得たタイトルは、最多勝一回、最高勝率二回、最優秀防御率二回、それにMVP二回だが、三五五七回1/3を投げたのに被本塁打六九にすぎなかった。よほどコントロールがよかったのだろう。

「満塁で敬遠」される

与那嶺が巨人に入団した五一年、日本はまだ占領下にあった。翌年の「独立」とともにプロ野球も「外国人枠」を設定した。ということは、与那嶺は外国人扱いではなかったのである。五五年、読売ジャイアンツに入団したハワイ生まれのニセイ、腕っぷしの強さと明るさで人気を博したエンディ宮本敏雄も、五八年から六一年まで南海で二塁手としてプレーし、六二年、中日に移籍して高木守道にバックトスを教えたカールトン半田春夫も外国人扱いではなかった。親が日本人ならその子どもも、ニセイも、本人の持つ国籍にかかわらず日本人だと考えてしまう「ナショナリズム」の傾向は現在にもつづく。

与那嶺はニセイ独特の日本語で喋った。相手の日本語を聞くこともできたが、読み書きはできなかった。遠征先の旅館の堅いふとんと汲み取り式トイレ、刺身や納豆を最後まで苦手にした。

入団から五七年まで七年連続で三割を打ち、五四年、五六年、五七年と三度首位打者となった与那嶺が、もうひとつ苦手としたのは味方の四番バッター川上哲治であった。千葉の一歳下、与那嶺の五歳上で「打撃の神様」といわれた川上は、与那嶺入団の五一年に首位打者、五三年にも首位打者、五五年には首位打者と打点王になったが、与那嶺を自分の地位をおびやかす存在と見て、警戒心をあらわにした。年齢による衰えが進むと、川上はさらに露骨に与那嶺を敵視した。

六〇年、与那嶺は契約を打ち切られ中日に移籍したが、それを巨人監督に就任した川上の意向と見た与那嶺は、周囲に「川上さん」と呼ぶな、「テツ」と呼べ、と強調した。この場合の「テツ」はアメリカ風愛称ではなかった。日本式「呼び捨て」であった。

与那嶺は中日で二年間現役として働き、六二年オフに三十七歳で引退した。首位打者三回、最多出塁三回、最多安打三回は偉大な成績だが、記憶すべきは通算一六三盗塁のうちにホームスチールが一一回もあることだろう。四千打数以上のバッターとして与那嶺の生涯打率は三割一分一厘で歴代七位、六位は三割一分三厘の川上哲治、八位は三割一分八毛の落合博満である。

初の首位打者となった五四年、満塁で杉下茂に敬遠されたことは与那嶺の誇りである。ペナントレース終盤、中日の優勝がかかった試合で、与那嶺を苦手としていたとはいえ、この年三十二勝、ＭＶＰと沢村賞を獲得した杉下だったから、まさに空前絶後であった。

「ＩＤ野球」の源流

日本プロ野球に影響を与えた外国人選手といえば、まず与那嶺、その後にスペンサーとブレイザーの名前があげられる。

六四年、阪急に入団した元メジャーリーガーの白人選手ダリル・スペンサーは、九年間不動の二塁手であったキューバ人、ロベルト・チコ・バルボンからレギュラーの地位を奪い、翌六五年には南海の野村克也と三冠王を争った。シーズン終盤、スペンサーは南海以外のチームの投手からも敬遠「攻撃」を受けたが、それは与那嶺を満塁で敬遠した杉下の思いとは違って、外国人にタイトルを取らせたくないという狭い料簡から発していた。理不尽に怒ったスペンサーはバットを逆さに持って打席に入ったが、それでも敬遠された。

戦闘的なプレースタイルのスペンサーだったが、対戦する投手の特徴と癖を細かくメモしていた。退団するときチームに残したその緻密なメモを見て、これこそプロの仕事だと感じ入った監督西本幸雄は、その後長くつづく阪急全盛期を築くことになった。

ドン・ブレイザー（本名ブラッシンゲーム、文字数が多くスコアボードに書けなかったので愛称で登録）も元大リーガー、六七年、三十五歳で南海に入団した。二塁手としての現役生活は三年と短かったが、七〇年、三十五歳の野村克也が球団からプレーイング・マネージャー就任を要請されたとき、野村が会社にしめした条件は、ブレイザーをヘッドコーチにすることであった。野村はブレイザーの理論的野球観に深い影響をうけ、それがのちに彼の「ＩＤ野球」につながった。

「目の大きな少年」

中日で現役のキャリアを終えた与那嶺は、そのまま打撃コーチに就任した。その後ヘッドコーチとなり、七二年から七七年まで中日の監督をつとめた。

七四年には、川上巨人のV10を阻止、中日を二十年ぶりにリーグ優勝させた。川上はこのシーズン限りで辞任、あとを長嶋茂雄に譲った。さらに、東京(ロッテ)オリオンズ、巨人、南海、西部、日ハムのコーチをつとめた与那嶺が引退、帰国したのは八八年、六十三歳のときであった。

巨人に入団した五一年から三十八年間、現役選手、コーチ、監督と、一年の休みもなく仕事をした与那嶺は九四年に殿堂入りし、二〇一一年二月二十八日、ホノルルのシニアホームで死去した。前立腺がん、八十五歳であった。

日本での「お別れの会」は二〇一一年三月二十二日に予定されていたが、東日本大震災のために延期され、五月二十七日、与那嶺が生前に通っていた六本木教会で催された。参会者中に、王貞治の姿もあった。

現役時代の与那嶺とはチームメートになれなかった王だが、少年時代に与那嶺からサインをもらったことがあった。その頃、少年たちはたいてい手にした硬球ボールにサインをねだったのだが、王少年はゴムボールしか持っていなかった。他の巨人ナインはゴムボールには目もくれなかったのに、与那嶺だけがわざわざサインしてくれた。王はそのことを忘れず、また与那嶺もその「目の大きな少年」のことを永く記憶にとどめていた。

坂上二郎

「不条理コント」を受けきった男

〈コメディアン、俳優、歌手〉

■さかがみ・じろう
■2011年3月10日没(76歳)
■脳梗塞

コメディアン坂上二郎が萩本欽一と初めて会ったのは一九六二年の浅草フランス座、ストリップの幕間コントのコンビを組んだときである。安藤ロールという芸名の漫才師あがり、坂上二郎は二十八歳であった。小柄小太りで顔に似合わぬ美声、また早口で口跡のよい坂上がツッコミ役、小柄でやせ型、いかにも気の弱そうな二十一歳の萩本欽一がボケ役であった。

舞台上の坂上は猛烈なアドリブで、まだ駆け出しの萩本をたじたじとさせた。二人が楽屋では口もきかなかったのは、年齢とキャリアの差だけではなく、坂上相手では食われるばかり、という萩本の恐怖感のせいである。半年でコンビを解消した。

再会は六六年であった。温泉地で営業仕事をこなしながら考えたコントを、なんとか舞台にのせたいと思いながら帰京した萩本に、たまたま坂上から電話があった。麻雀のメンバーが足りないという。出向いた萩本が、そのコント「机」の話をすると、坂上は、それは二人でやった方がいいんじゃないか、といった。所属していたタレント事務所をクビになっていた坂上は、「欽ちゃん、コンビ組まない?」と誘いをかけた。四年前の記憶があざやかな萩本は「組まない」と即答したが、「一回だけ」と粘る坂上に渋々応じた。

以前と同じ役割、坂上のツッコミ、萩本のボケでコントを三日間演じたが、まったく受けない。四日目、最後の手段に、ボケとツッコミをチェンジしてみた。すると受けた。客の食いつきは日ごとによくなる。一九六〇年代末に圧倒的な人気を誇った「コント55号」のスタートであった。

この六六年秋、三十二歳の坂上二郎は妊娠中であった一歳下の妻瑤子に、一年間だけコントをやらせてくれ、ダメだったらタクシーの運転手をやるから、と懇願した。すでにタクシーに必要な二種免許は取得してあった。しかし、間もなくそれどころではない多忙さに困惑することになる。

「のど自慢」を機に上京

坂上二郎は一九三四(昭和九)年、鹿児島に生まれた。二歳のとき父親が事業を興した満洲・新京(現長春市)に移り、さらに北京に移って幼年期をすごした。四四年に鹿児島に帰ったが、父親の仕事はうまく転がらず、新制中学を卒業した坂上は、地元の丸屋呉服店(のちデパート)に就職した。

しかし声と歌謡曲の歌唱に自信のあった彼は、五三年、NHKラジオ「のど自慢」で鹿児島県代表となったのを機に、歌手をめざして上京した。十九歳であった。

コネをたどって当時の有名歌手青木光一の付き人となり、島倉千代子の専属司会者もつとめた。その後ナイトクラブでも歌ったが、歌よりも歌の合間の喋りの方が受けた。そこで方向転換、漫才の獅子てんや瀬戸わんやの弟子となり、内藤ロック、安藤ロールという芸名のコンビで舞台に立った。だが芽は出なかった。

一九六〇年から浅草フランス座でコントを演じ、やがて萩本欽一と最初の出会いをした。歌手も芸人もあきらめる直前の六六年、萩本と再会した坂上は、年齢差を気にせず、コンビのコント芸に最後の活路を見出そうとしたのである。

「不条理コント」に翻弄される

コント55号のコントはすべて萩本欽一が書いた。萩本は「二郎さん」に、台本をなるべく覚えないようにと頼んだ。記憶力にすぐれた坂上は台本を完璧に覚えがちで、そのまま演じると舞台上に何の波乱もおもしろさも生まれない。萩本はときに台本を一切見せず、アドリブだけで坂上を攻めた。そうするうち萩本は、坂上が意外に動けるし、アドリブの受け方も巧みだと知った。これならもっとやれると見とおした萩本欽一は、コンビ持続のため、つぎのような約束事を坂上二郎に提案した。二人で夢をかたらない。ネタについて意見をいわない。下ネタ、駄洒落はやらない。いっしょに食事をしない。

いっしょに食事をしないとはやや異だが、プライベートで親しくすると、互いの欠点が見えてきてイヤになることを恐れたのである。しかし、この厳格な公私弁別姿勢ゆえに、コント55号にはしばしば不仲説、解散説が流れた。

一九六七年、日劇「夏の踊り」「秋の踊り」で、踊り子たちの衣裳替えの間をつなぐコントに出て呼吸を飲みこんだコント55号の全盛期は、六八年、フジテレビ「お昼のゴールデンショー」に始まる。前田武彦司会の新番組は月から金の五日間連続だったが、コント55号は新しいコントを毎日ナマで演じるという破天荒に挑戦した。一度もおなじコントやらなかったのは、基本設定以外はすべて萩本のアドリブ、それを坂上がアドリブで受けるというつくりだったからである。

「コント55号のコントにあるのは、二人の決定的な対立であり、断絶である」と小林信彦は『日本の喜劇人』に書いている。

「正気の世界にいる坂上二郎のところに狂気の世界からきた萩本欽一が現れて、徹底的に小突きまわす。それは、とうてい、マスコミが名づけたような〈アクション漫才〉というようなものではなく、イヨネスコ的世界であり、その狂気は主として萩本の内部から発していた」

ウジェーヌ・イヨネスコはルーマニア生まれの劇作家、幼少時にパリに移住してフランス語で戯曲を書き、アダモフ、ベケットとともに不条理演劇の代表的作家とされた。彼の『禿《はげ》の女歌手』『授業』『椅子』は、一九六〇年代後半の日本で多く上演されたが、『椅子』などはコント55号が演じて然るべきだったろう。

当時のテレビでは、高価だったビデオテープを惜しんで重ね撮りしたから、彼らの初期の演技は見られないのだが、萩本が眠っている坂上を叩き起こして「ジャイアント馬場と大鵬では、どちらが強いでしょうか?」と尋ねることから始まるコントでは、「さあ……大鵬でしょうかねえ」と答える坂上に、萩本が「あなたは、眠いので、適当な返事をしたのでしょう?」「あなたの眼に、私の質問をうるさがる色が浮んだ」などとからむ。

「そのサディスティックなしつこさは、どこまでが演技であり、どこまでがホントなのか分からないほど真に迫っていた」(同前)

坂上二郎は、一九六〇年代末の日本の民放テレビで、設定と立ち位置以外は何も知らされぬまま、萩本の神経質で奔放なセリフと動きとでまったく展開が読めず、したがって「ネタ合わせ」もできない過激な「不条理コント」をすべて受けきったのである。坂上には、セリフ、動き、踊り、歌の基本的な技術、萩本の跳び蹴りに耐える体力、アドリブ攻撃を受け流す精神力があり、北野武をして「坂上二郎は受けの天才」といわしめた。雑誌記者にコント55号のライバルは? と問われた坂上は、「外にはいない、コント55号の中にいる」とこたえた。

最後まで解散せず

坂上二郎といえば必ず話題にのぼるギャグ、「飛びます、飛びます」は、やはり不条理コント「結婚コンサルタント」が初出である。

成金の坂上二郎から、ハデな結婚式をしたいと相談された偏執狂的な結婚式コンサルタント萩本欽一は、式に飛行機を四機飛ばそうといい、その飛行機の飛ぶさまを、「飛びます、飛びます」というセリフ付きで実演することを坂上に強要する。そのコントを、坂上二郎のファンで、八〇年代当時は物真似をもっぱらとした片岡鶴太郎がテレビで再現して見せ、流行したのである。

六九年、日本テレビの「視聴率男」といわれたプロデューサー細野邦彦が企画・演出した、騒々しいまでに陽気なショー番組「コント55号！　裏番組をぶっとばせ!!」は、じゃんけんをして負けたら女性が着ているものを一枚ずつ脱ぐ約束の野球拳を売り物とした。裏番組はNHK大河ドラマで、たしかに「ぶっとばす」効果はあったのだが、下ネタ嫌いの萩本はこれをいやがった。一方、週替わりの女性タレントとともに野球拳を担当した坂上は世に広く知られることになったのだが、坂上はおかしさと人気で萩本と対等になり、結果、萩本は追いまわすべきダメな男を失ったのである。

六八年から七一年まで、コント55号主演で十本もの映画が撮られたが、それ以降は一本もない。そうして七三年から七六年まで放送された「コント55号のなんでそうなるの？」以後、二人の道は分かれた。

坂上は役者を本業に多くのテレビドラマに出演した。七四年には歌手として、歌唱部分より回想のナレーションの方がずっと多い「学校の先生」を歌って三十万枚売った。萩本は、有名タレントや歌手の意外な喜劇性を発見する能力と「素人いじり」の巧みさを生かし、バラエティ・ショーそのものをつくる側にまわった。

二人のコントは稀にしか見られなくなったのだが、萩本はコンビ解散を口にしなかった。九一年五月、萩本が五十歳になったのを機に坂上が設定して二人は初めて会食をした。そのときも飲めない萩本の前で坂上は自制したから、坂上が亡くなるまで酒好きだということを萩本は知らずにいた。

「ただいま飛びます、飛びました」

二〇〇三年九月二十五日であった。ゴルフ場のロングホールで第三打を打とうとした坂上二郎は、そのまま固まった。たまたま同行していた知人の医者が坂上に、動かないで、と叫び、他のメンバーとともに坂上の体を静かに横たえた。救急車にコースまで入って来てもらい、搬送した。脳梗塞が深刻な症状に陥らずにすんだのは医師の適切な指示のおかげであった。

健康に気を遣い、定期的に健診も受けていたのに、と当初は不運を嘆くばかりだった坂上二郎が、気を取り直してリハビリに励んだのは、萩本欽一と舞台で共演する予定があったからだ。同年十一月退院、萩本は車椅子の出演でも構わないといったが、それでは役者とはいえない、と坂上は自宅でリハビリに励んだ。その甲斐あって、〇四年六月、明治座で復帰舞台を踏んだ。

〇五年夏には夫婦で那須塩原のマンションに転居した。二〇一〇年八月、二度目の脳梗塞に見舞われて自宅台所で転倒、頭部を強打して再入院したが、今度は症状が重く、退院後特別養護老人ホームに入った。十二月に萩本欽一が見舞ったときには、首から下がまったく動かない状態だった。萩本が、復活したら「飛びます、飛びます」はできるかな、と尋ねると、坂上ははっきりした発声で「飛びません、飛びません」といった。

坂上二郎が亡くなったのは二〇一一年三月十日、七十六歳であった。翌日、大震災が東北地方を襲った。

家族葬は那須塩原で三月十三日に行われた。まだ新幹線は不通だったので、萩本欽一は東京から宇都宮線とタクシーを乗り継ぎ、四時間かけて参列した。マスコミの取材に、萩本は「四十五年連れ添った二郎さん」という言葉を繰り返したが、それは一九六六年から坂上の死までを数えた年月であった。その萩本は出棺のとき、「坂上二郎さんは、ただいま飛びます、飛びました」と挨拶した。

「昆《こん》愛海《まなみ》ちゃんのママ」昆由香

〈宮古市の主婦、水産業〉

■ 2011年3月11日没(32歳)
■津波被害

「いきてるといいね」

二〇一一年三月十一日午後、東北地方が強烈な地震に見舞われたとき、四歳の昆愛海ちゃんは岩手県宮古市の保育園にいた。地震直後、三十二歳のママ、昆由香さんは愛海ちゃんを保育園に迎えに行き、自宅に連れ帰った。自宅は海に近いが高台にあって、非常時の避難所となっていた小学校に隣接していた。

だが地震から一時間足らずのちに襲った巨大津波は、三十メートルの高さを駆け登った。自宅にいた由香さんと、三十九歳の水産業の父親文昭さん、それに三歳の妹蒼葉ちゃんを引き波がさらった。愛海ちゃんもさらわれかけたが、背負っていた通園用のリュックが漁に使う網に引っ掛かって奇跡的に助かった。

自宅とおなじ地域の親戚の家にいた愛海ちゃんは一週間後、宮古市の内陸部に住む五十八歳の祖母幸子さんと会うことができた。当初は何もしゃべらず、言葉を忘れたかのようだった。被災地を取材していた読売新聞のカメラマン、立石紀和と会ったのはこの頃である。

だが何度か会ううち立石カメラマンにいくらか心を開き始めた三月二十二日、愛海ちゃんは、ママに手紙を書くといいだした。

ひろげた大学ノートに、覚えたばかりのひらがなを、色鉛筆で一時間ほどかけてゆっくり書いた。疲れたのか、そのままノートの上に突っ伏してうたた寝してしまった愛海ちゃんを、立石カメラマンは写真に撮った。

愛海ちゃん越しに読みとれる文面は、このようであった(読売新聞、二〇一一年三月三十一日)。

「ままへ
いきてるといいね
おげんきですか」

愛海ちゃんが別の日に書いた、ママへの手紙にはこうあった。

「おりがみとあやとりと　ほんをよんでくれてありがとと」

またパパあての手紙も、愛海ちゃんは書いた。

「ぱぱへ　あわびとかうにとか　たことかこんぶとか　いろんなのお　とてね」

その後もおばあさんと暮らした昆愛海ちゃんは、二〇一九年には小学校を卒業し、二〇二二年春には中学校を卒業する。

写真出典

〔以下は共同通信社提供〕

2 頁，24 頁，37 頁，43 頁，48 頁，53 頁，70 頁，83 頁，92 頁，
102 頁，114 頁，119 頁，129 頁，154 頁，161 頁，171 頁，
182 頁，197 頁，202 頁，226 頁，234 頁

〔以下は朝日新聞社提供〕

11 頁，138 頁，214 頁

〔その他〕

145 頁：© Bettmann ／ゲッティ／共同通信イメージズ

あとがき

『人間晩年図巻』二〇〇〇年代編三冊(二〇〇〇年―二〇一一年三月十一日)は、二〇一六年刊行の一九九〇年代編二冊(一九九〇年―一九九九年)のあとをうけている。

人には全盛期と晩年がある。

全盛期は、老いて回想すれば、あのあたりがそうだったか、と思い当たる。回想には寂寥感がともなうが、それはやむを得ない。

では、晩年は?

いつ始まったものかわからない。いつ終るのかは、もっとわからない。

たしかに加齢した。脚は弱る。居眠りをする。頻尿で、もの忘れがはなはだしい。老人と認めざるを得ない現状であっても、それが晩年だと認識することは別だ。元来そう思いたくなく、触れたくもないのが晩年とその周辺の話題で、全盛期は自分事でも、晩年は他人事なのである。

いつが晩年であったかは、死ねばわかる。

それまでは他人の晩年の記述を読んで、彼らの「物語」をたのしむのがよい。

この本の題名は山田風太郎の名著『人間臨終図巻』の変奏である。

山田氏がその六十代なかばに完成させた『人間臨終図巻』は、古今東西の歴史的有名人九百余名の臨終を、没年齢ごとに書いている。読者は、そのときの自分の年齢で死んだ人の記述から読み始め、英雄・天才の臨終時のリアリティと無常を味わった。

それと違って、これは現代史の本である。

現代史を、直接にではなく表現する手立てではないかと思案し、時代の刻印を受け、また時代そのものをつくった有名人・無名人、その全盛期と晩年の記述で実践してみた。

人は、息のあるうちは「自分を忘れ得てくれるな」と強く願うが、死ぬ瞬間には「自分を忘れてくれ」と思うのだという。しかし、一九九〇年から二〇一一年春まで二十二年余の現代史の、興味深い手がかりとしての記述であるなら、故人たちも諒としてくれるのではないか。

山田風太郎と啓子夫人、そして、この五冊をつくるために長年伴走してくれた西澤昭方氏に深く感謝する。

二〇二一年十一月　　関川夏央

関川夏央

作家．1949 年，新潟県生まれ．上智大学外国語学部中退．『海峡を越えたホームラン』(双葉社，1984 年)で第 7 回講談社ノンフィクション賞，『「坊っちゃん」の時代』(谷口ジローと共作，双葉社，1987–97 年)で第 2 回手塚治虫文化賞，2001 年には，その「人間と時代を捉えた幅広い創作活動」により第 4 回司馬遼太郎賞，『昭和が明るかった頃』(文藝春秋，2002 年)で第 19 回講談社エッセイ賞を受賞．近著に『子規，最後の八年』(講談社，2011 年，講談社文庫，2015 年)，『日本人は何を捨ててきたのか　思想家・鶴見俊輔の肉声』(鶴見俊輔との対談，筑摩書房，2011 年，ちくま学芸文庫，2015 年)，『東と西　横光利一の旅愁』(講談社，2012 年)，『文学は，たとえばこう読む――「解説」する文学Ⅱ』(岩波書店，2014 年)，『人間晩年図巻　1990–94 年』『人間晩年図巻　1995–99 年』(いずれも岩波書店，2016 年)，『人間晩年図巻　2000–03 年』『人間晩年図巻　2004–07 年』(岩波書店，2021 年)など．

人間晩年図巻 2008–11 年 3 月 11 日

2021 年 12 月 24 日　第 1 刷発行

著　者　関川《せきかわ》夏《なつ》央《お》

発行者　坂本政謙

発行所　株式会社 岩波書店
〒101-8002 東京都千代田区一ツ橋 2-5-5
電話案内 03-5210-4000
https://www.iwanami.co.jp/

印刷・精興社　製本・牧製本

ISBN 978-4-00-061507-5　Printed in Japan

人間晩年図巻　1990-94年
関川夏央著
四六判二七六頁
定価一九八〇円

人間晩年図巻　1995-99年
関川夏央著
四六判三一〇頁
定価二四二〇円

人間晩年図巻　2000-03年
関川夏央著
四六判二六二頁
定価二〇九〇円

人間晩年図巻　2004-07年
関川夏央著
四六判二六四頁
定価二〇九〇円

「解説」する文学
関川夏央著
四六判三九四頁
定価二六四〇円

文学は、たとえばこう読む
――「解説」する文学II
関川夏央著
四六判二六〇頁
定価一九八〇円

岩波書店刊

定価は消費税10%込です
2021年12月現在